# 畅销书的诞生

## / 经典案例分析 /

ANALYZE THE BIRTH OF
**BESTSELLERS**
THROUGH CLASSIC CASES

张文红 李妙雅 编著

清华大学出版社

北京

**图书在版编目（CIP）数据**

畅销书的诞生：经典案例分析 / 张文红，李妙雅编著 . —北京：清华大学出版社，2021.12
ISBN 978-7-302-59405-5

Ⅰ.①畅… Ⅱ.①张…②李… Ⅲ.①畅销书 – 出版工作 – 案例 Ⅳ.① G23

中国版本图书馆 CIP 数据核字（2021）第 212827 号

**责任编辑：**纪海虹
**封面设计：**徐　超
**责任校对：**王荣静
**责任印制：**沈　露

**出版发行：**清华大学出版社
　　　　　**网　　址：**http://www.tup.com.cn, http://www.wqbook.com
　　　　　**地　　址：**北京清华大学学研大厦 A 座　　　　**邮　编：**100084
　　　　　**社总机：**010-62770175　　　　　　　　　　　**邮　购：**010-62786544
　　　　　**投稿与读者服务：**010-62776969, c-service@tup.tsinghua.edu.cn
　　　　　**质量反馈：**010-62772015, zhiliang@tup.tsinghua.edu.cn
**印 装 者：**保定市中画美凯印刷有限公司
**经　　销：**全国新华书店
**开　　本：**165mm×238mm　　**印　张：**12　　　**字　数：**188 千字
**版　　次：**2021 年 12 月第 1 版　　　　　　　　　**印　次：**2021 年 12 月第 1 次印刷
**定　　价：**48.00 元

产品编号：056092–01

# 目 录

# 《无声告白》

徐晨耀

# 一、图书基本信息

## （一）图书介绍

书名：《无声告白》

作者：伍琦诗（Celeste Ng）

译者：孙璐

开本：32 开

字数：167 千字

定价：35.00 元

ISBN：9787539982830

出版社：江苏凤凰文艺出版社

出版日期：2015 年

## （二）作者简介

伍琦诗（Celeste Ng），"80 后"华裔作家，出生于美国，毕业于哈佛大学。父母均为科学家，是第二代中国香港移民。在出版《无声告白》以前，她已创作多年，在各类文学期刊杂志上刊登多篇小说及散文作品。2014 年，耗时六年写成的处女作《无声告白》出版，并获得美国亚马逊年度最佳图书第一名，是继谭恩美的《喜福会》之后，华裔作家在欧美主流文学界开辟的又一片天地。

译者孙璐是资深翻译，翻译出版了美国作家斯蒂芬妮·丹勒 (Stephanie Danler) 的《你要像喜欢甜一样喜欢苦》、格雷格·拜耳的《真爱宝典》、劳伦·奥利弗的《忽然七日》，还有理查德·霍格兰德的《火星人完全档案》等，对于美国文化有着深入的了解，译著了大量美国文学作品,拥有丰富的译著经验，使《无声告白》中文版的内容质量和行文风格有充足的保障。

## 二、畅销盛况

2014 年，企鹅书屋出版了一部名为《无声告白》的小说，刚一出版，便在美国引起轰动，该书一举斩获 2014 年亚马逊年度最佳图书第一名、2014 年美国国家公共电台及《娱乐周刊》《赫芬顿邮报》《旧金山记事报》《书单》《TIMEOUT 纽约》《圣路易斯邮报》《学校图书馆期刊》《货架意识》等众多媒体平台评选出的年度最佳图书、2014 年 Buzzfeed 最佳虚构类图书等奖项。2015 年，伍绮诗凭借《无声告白》在她所生活的马萨诸塞州获得了年度马萨诸塞州图书奖；此外，每年美国图书馆协会会评选出艾利克斯图书奖，会选出 10 本对 12~18 岁年轻人来说具有特别吸引力的图书，《无声告白》入榜，并获得了由 APALA 颁发的文学奖，该奖项主要为了奖励在国际舞台上有杰出文学艺术成就的华裔人士。

2015 年 5 月，《无声告白》在美国出版平装版，其后连续 6 个月登上《纽约时报》畅销书排行榜；同年 7 月，该书由凤凰出版传媒股份有限公司引进策划、湖南文艺出版社出版，《无声告白》一上市便受到国内读者的大力追捧和业内人士的高度评价。到 2015 年年底，电子书销量已超过 10 万册,总销量超过 50 万册，荣登当当网年度小说畅销榜第 19 名、亚马逊小说销售排行榜第 17 名。

2014 年出版至今,《无声告白》已售出包括简体中文、繁体中文、法语、德语、荷兰语、捷克语、意大利语、保加利亚语、葡萄牙语、波兰语、希伯来语、希腊语、西班牙语、韩语、土耳其语等近 20 种语言的海外版权，并在各国家与地区取得了惊人的销量。

## 三、畅销攻略

《无声告白》（*Everything I Never Told You*）出版时间不长，却以令人咂舌的速度荣登美国各大畅销书榜，并一举包揽当年年度各大奖项。毫无疑问，这部小说的成功是多种因素共同作用的结果，有一定的不可复制性。但追根溯源，与其内容有莫大的关系。在跌宕起伏的故事情节背后，小说从本质上反映了一系列敏感而严肃的社会现实问题，在世界范围内引起了人们的广泛关注和反思。中文版作品引入国内后，在国内媒体和平台上也一度引发热议，正如这本书封面的宣传文案所言："我们终其一生，就是要摆脱他人的期待，找到真正的自己。"正是这样一句陈述平和的话语，暗合了千万读者的心思，使人不由自主地拿起这本书；另外，在市场营销方面，这句文案也恰如其分地捕捉到了该书主题的关键点。

## （一）文本内容与社会环境

### 1. "角落人"的创作手法和悬疑推理风格

这部作品开篇的第一句话是："莉迪亚死了。"悬疑式的开头是不少成功小说开篇的亮点，本书从一开始便在本应和睦轻松的家庭环境中营造了一种紧张、压抑而又悬疑的气氛；紧接而来的便是来自母亲的精神崩溃、父亲的婚内出轨，以及哥哥内斯的种种怀疑和猜测。与推理小说的情节不太相同的是，除了这条以莉迪亚的死为线索的情节外，还穿插了关于家庭中母亲和父亲一代人的成长经历，两条线路同时铺展开，情节上相互促进和暗示。围绕混血家庭的五位成员，以插叙的手法层层揭开隐藏在这个表面平和的家庭背后的故事，逻辑性极强，两代人之间的故事情节相互碰撞，而最后的结果也出乎所有人意料，开头与结尾相互呼应，两相对比，增加了结局的深刻意味。

小说从一开始便蒙上了一层悬疑紧张的雾气，诱导人们不得不继续阅读，深陷情节之中；中间穿插的倒叙情节让人疑惑又费解，读者也忍不住猜测"到底谁是杀害莉迪亚的凶手"，一直进行到小说的中间部分，才隐隐预感到莉迪亚真正的死因。此时，又禁不住思考，最终的结局会是如何？可以说，整部小说都伴随着一种紧张、压抑、疑惑而又心疼的复杂情感，正是这种情感使读者欲罢不能。

除了整部小说挥之不去的悬疑紧张气氛外，另外一个独特的创作手法体现在五位家庭成员之一——汉娜·李身上。作为家庭中最小的女儿，作者着墨甚少，但在刻画手法上可谓用心。小小的汉娜一直以一个旁观者的身份观察家里的每一个人，她谨慎小心而又十分敏感，时常被家人忽略，却难得地成为家庭成员中唯一没有被"爱"捆绑和攻陷的孩子，因而站在一个与读者类似又与小说人物关系密切的相对独立的立场。"角落人"的角色处理使得读者能够与其站在同一视角，以故事中人物的视角随之起伏；同时，"角落人"的角色与本文的女主角莉迪亚泼墨重彩的描写形成对比，无声地暗示了作者欲言又止的隐秘。[1]

### 2. 关注社会族群问题

美国社会最大的特点便是文化多元、种族多样，纵观美国历史，各族裔之间存在的矛盾和冲突自始至终都没有消停过，族群问题渗入美国文化的方方面面。小说定位在 20 世纪六七十年代，围绕的主体仅局限在一个家庭的五个成员之间，父亲是华裔移民的后代，母亲是美国白人，莉迪亚是最像母亲的蓝眼睛白种人，而哥哥内斯和妹妹汉娜则都是黑头发。这样一个家庭，俨然就是浓缩了的美国社会，在家庭表面的平和之下隐藏着不可避免的冲突甚至是对立。[2]要知道，在美国，跨种族婚姻直到 1967 年才合法，距今仅仅过去了一两代人，小说借此来影射美国社会近年来愈发突出的族群冲突问题。

身为华裔后代而遭受种种差别待遇，肤色和眼睛的独特，永远无法真正融入美国主流社会，在生活中，时时接受别人不信任和怀疑的眼光，这对小孩子的伤害是难以估量的。族群区划本身即带有鲜明的等级歧视，美国的族群问题由来已久，自 20 世纪 70 年代逐渐偃旗息鼓之后，其实只是维持了表面的平静；直到 21 世纪，中东局势紧张，民族宗教冲突加剧，美国社会的族群问题再次浮上水面。尤其是近年来，美国种族矛盾和冲突升级，大部分公众以及公益组织机构逐渐自我觉醒并为自我权利抗议，成为社会聚焦的关键。[3]

面对这样一个敏感而严肃的话题，每个人心中都有一杆秤，却从未有人真正将其称量。正如《纽约时报》给出的评语："即使我们熟知身边有这样的故事，也从没在小说中见过，起码在伍绮诗之前，没有谁处理过这类故事。这部小说写的是成为'异类'的那种负担和压力，这种负担与压力，通常会摧毁一个人，而不是塑造一个人。"[4]此时，作者伍绮诗以其自身从小到大的经历为基础，创作了这样一部小说，直面揭示美国社会的族群问题，让人不得不关注、不得不反思。小说在美国的热销恰恰印证了这一点。

### 3. 聚焦女性主义抗争与家庭失衡问题

《无声告白》在美国畅销后，紧接着流向海外市场。无论是欧洲、南美，还是亚洲地区，都对这部小说表现出了惊人的热情。虽然在除了美国的不少地区也存在族群问题的困扰，但真正引起人们兴趣的还在于小说中有关女性主义抗争的话题。小说中的母亲玛丽琳从小就是一个独特的女孩，她好强又极具抗争精神，热衷于做"普通女孩子"不敢做的事；她追寻独特和另类，宁可与母亲断绝来往也要嫁给华裔后代詹姆斯。而华裔后代詹姆斯毕生的心愿就是普通、平凡地融入群体，避免特殊以及引起周围人的关注是他追求的目标。妻子自幼便有做医生的梦想，却在同家庭、孩子与丈夫的选择和纠葛中败下阵来，成为一名终日与孩子、衣食住行打交道的家庭妇女。她也孤注一掷地抗争过、逃离过，但最终因为小女儿汉娜的存在，她再次妥协了。

世界上许多国家和民族的历史上都记录过这样的女性，为争取女性独立和权利平等而抗争。美国、英国历史上都发生过多次女权运动，并且一度风靡全球；中国古代也出现了许多为爱情、为亲情、为正义而奋不顾身的女性形象。女性角色在人类有记载的历史中，一直处于弱势地位；哪怕是倡导呵护与关注女性，也在一定程度上带有歧视色彩。这就使得这部小说在刻画玛丽琳这一母亲形象时，带有了隐性光环以及带有女性群体的整体特征，从人物刻画上，更容易引发女性读者的共鸣以及人们面对与女性地位相关问题的深思。

另外，小说中还涉及关于家庭成员地位失衡的问题，以及父母在教育子女方面的诸多困难。天下父母绝非圣人，在面对不同的孩子时，总会不可避免地产生一定偏颇，而对受到不同对待的孩子来说，却会随之产生一系列不同的成长变化，而且这种变化的后果是巨大且难以想象的。男孩和女孩、娇惯与严苛、激励与批评……在中国这样自古以来便重视教育的大环境下，国内读者对待这些问题的思索甚至要高于族群问题和女性主义抗争问题。这是该作品在中国市场获得畅销的关键。

这部小说背后所反映的社会现实问题正是当下人们关注的焦点，也是引起争议和讨论最多的问题。在大众文化和娱乐至上主义盛行的今天，文学作品能够抛开哗众取宠的娱乐性，转而引导人们关注严肃的社会问题，这本身就是一种重塑。毫无疑问，《无声告白》的巧妙构思和逻辑引导将读者一步步带入其中，同小说中的主人公一起疑惑、一起怀疑、一起思考、一起成长。"它的内核，是家庭、是女性、是华人，更是年轻人成长中的彷徨与迷失。"处处体现着人文关怀和社会责任意识，这也是这部小说能够在世界范围内获得青睐的最大原因。

## （二）作者因素

作者伍绮诗出生在美国，先是住在匹兹堡郊区，后来搬到克利夫兰郊区。在她的成长历程中，她家周围的社区几乎没有其他亚洲人，这种不属于社群的独特感与小说中多处暗示的情感不谋而合。可以说，《无声告白》在一定程度上是作者本人的自传，这样的成长经历使她在刻画小说主人公形象时十分得心应手，真实而又心酸，饱含热泪但又无限憧憬。

作者华裔作家的身份和成长经历以及曾经的创作经验，使其创作思路和文笔操练十分流畅、严谨，也更容易激发读者的好奇心，因而增加了畅销的可能性。伍绮诗如同文学界突然出现的一匹黑马，以一部处女作包揽了美国年度各大奖项，被各大媒体冠以"征服欧美文坛的华裔作家"之类的名号，初出茅庐便有此等殊荣，非常吸引读者们想要一探究竟。

## （三）营销因素

2015 年 7 月，《无声告白》简体中文版由凤凰出版传媒股份有限公司引进、策划，由湖南文艺出版社出版。凤凰传媒拥有庞大的经济与渠道实力，再加上湖南文艺出版社的精心操作，在市场营销方面可谓无懈可击。

首先，该书最大的营销点在于其出色的封面文案。中文版图书的封面设计简洁大方、主题突出，书名偏上，正中间则是一句清晰的网络火爆的文案语："我们终此一生，就是要摆脱他人的期待，找到真正的自己。"一句话，不知道戳中了多少年轻人的心。不仅将小说中复杂的故事情节和背后隐含的深意全部凝练在这一句话中，出版商还机智地捕捉到了这一句直面年轻人成长中彷徨与迷茫的话语，一语道破成长的真谛。不同年龄段的人对此都有不同的感悟和体会，这句成功的文案为《无声告白》在国内的畅销打下了基础。

其次，腰封处的宣传语也有足够的底气。在欧美文坛的畅销以及包揽了一干奖项，使得该书在引进后的出版发行并没有费太大力气。《纽约时报书评周刊》《赫芬顿邮报》《奥普拉》等为其撰写推荐语和评语，这些荣誉和赞美足以引起人们的关注与好奇，而览卷一阅的结果绝不会让人失望。国内的读者群中常见的情形便是人际间的"营销"和推介，朋友、亲人和同事的推荐让这部小说在大众读者中迅速传播。

最后，湖南文艺出版社充分利用网络进行宣传。随着科技进步和新媒体的兴起，网络营销的影响力已经远远高于传统影响手段，而且其传播范围之广、成本之低、快速而便捷以及日渐增强的互动性，当之无愧成为图书营销的首要选项。该书刚一出版，当当网、亚马逊的网店首页上便挂上了《无声告白》的广告，电子版同步登场。另外，高质量的内容和多角度话题使这部小说在新媒体领域的传播和推广更加多元化，探讨的话题具有高度的社会聚焦性和研究价值。除了大量与阅读和出版相关的公众号自发撰写文章，还有许多关注女性、教育、社会、心理等话题的公众号相继撰文，覆盖范围极广，形成了一股阅读热潮。

## 四、精彩阅读

当然，莉迪亚误解了路易莎。那时候，在女儿的生日宴上，詹姆斯还不相信，除了玛丽琳，他这辈子竟然会和别的女人睡觉，如果有人告诉他这个想法，他会觉得荒谬可笑；那时候，同样会让詹姆斯觉得荒谬可笑的是，他们的生活中将不再有莉迪亚。然而现在，这两件荒谬的事情都变成了现实。路易莎关上公寓门回到卧室的时候，詹姆斯已经在系衬衫扣子了。"你要走？"她说。她依旧心存侥幸，希望玛丽琳的造访只是一个巧合。然而，这是自欺欺人，她明白。

詹姆斯把衬衫下摆塞进裤腰，扣紧皮带。"我必须走了，"他说，他俩都知道这是实话，"最好现在就走。"他不确定回家之后会发生什么。伤心？愤怒？把平底锅丢到他头上？他不知道，也不知道该对玛丽琳说什么。"再见。"他对路易莎说。她吻了他的脸，只有这句"再见"是他唯一确定的事。中午刚过的时候，他走进家门，发现没有哭泣，也没有怒火——只有沉默。内斯和汉娜并排坐在客厅沙发上，在詹姆斯经过时谨慎地看着他，眼神就像看着一个难逃一死的家伙走向绞刑架。詹姆斯爬上楼梯，来到女儿房间的时候，他也有同感。玛丽琳坐在莉迪亚书桌前，平静得诡异。她很长时间都没说话，他强迫自己保持站姿，努力不让双手发抖，直到她终于开口。

"多长时间了？"

内斯和汉娜蹲在屋外最高一级楼梯上，不约而同地屏息静气，偷听里面的动静。"自从……葬礼。"

"葬礼，"玛丽琳依旧凝视着地毯，紧抿着嘴唇，"她很年轻，多大了？二十二？二十三？""玛丽琳，别说了。"

玛丽琳没有停。"她看上去很甜。相当温顺——这是个不错的改变，我觉得。我不知道我为什么会吃惊。我猜，你早就想换人了。她会成为一个不错的小妻子。"

詹姆斯惊讶地发现自己脸红了。"没人说过……"

"只是还没说而已，但我知道她想要什么，婚姻、丈夫，我了解她这种人。"玛丽琳顿了顿，想起年轻时的自己，她母亲自豪地低语：很多优秀的哈佛男人。"我母亲一辈子都想把我变成她那种类型的人。"听玛丽琳提到她母亲，詹姆斯僵住了，仿佛全身结了冰。"噢，是的，你可怜的母亲。后来，你走了，嫁给了我，"他干笑一声，"多么令人失望。"

"是我失望。"玛丽琳猛地抬起头，"我以为你和别人不同。"她的意思是：我以为你比其他男人好。我以为你想要比他们好。但是，詹姆斯依旧在想着玛丽琳的母亲，他会错了意。

"你厌倦了与众不同，对吗？"他说，"我太与众不同了，你母亲一眼就看出来了。你觉得这是好事，与众不同。但是，看看你，看看你自己。"他抓起玛丽琳蜜色的头发。足不出户一个月，她的皮肤本来就很苍白，现在更白了。她天蓝色的眼睛一直是詹姆斯的最爱，这样的眼睛首先出现在他妻子的脸上，接着又传给他的孩子。詹姆斯把他以前从没说过、甚至从未对玛丽琳暗示过的话都倾倒出来："你又没有在别人都和你长得不一样的房间里待过，没有人当着你的面嘲笑过你，你也从来没有被人当作外国人对待，"他觉得自己快要吐了，猛地抬起手背挡住嘴，"与众不同——你根本不知道那是什么感觉。"

在那个瞬间，詹姆斯看上去年轻了许多，既孤独又脆弱，仿佛变回了她多年以前遇到的那个腼腆男孩，玛丽琳既想把他抱在怀里，又希望用拳头揍他。她矛盾地咬着嘴唇。"大二的时候，在实验室，一些男生偷偷溜过来，想要掀我的裙子，"她终于开口了，"一次，他们来得早，在我的烧杯里撒尿。我去告诉教授，教授抱了抱我，说——"记忆让她的声音哽咽起来，"'别担心，亲爱的。人生太短，而你太美。'你知道吗？我不在乎，我知道我想要什么，我要成为医生。"她看了詹姆斯一眼，似乎他刚刚反驳了她，"然后——我醒悟过来，再也不标新立异，我只做其他女孩都在做的事情。我结了婚，我放弃了一切。"浓郁的苦涩黏住了她的舌头，"做别人都在做的事。你一直都这么告诉莉迪亚，交朋友、适应环境。但是，我不希望她和别人一样，"她的眼角精光闪烁，"我希望她出类拔萃。"

楼梯上，汉娜屏住呼吸，一动也不敢动——包括手指。说不定要是她坚持不动，她父母就能停止争吵，这样她就能维持世界和平，确保一切安然无恙。

"好了，现在，你可以和她结婚了。"玛丽琳说，"她看上去像个正经人，你知道这是什么意思。"她举起左手，婚戒闪出幽光，"这样的女孩，想要的是全套：一座带篱笆的小房子，两三个孩子。"她发出一声突兀、尖利、恐怖的冷笑。楼梯平台上，汉娜把脸靠向内斯的手臂。"我猜，为了这些，她一定乐意放弃学业，我只希望她不要后悔。"

听到这个词——后悔——詹姆斯心中燃起怒火，他似乎嗅到了电线烧融的味道："就像你一样？"一阵突如其来的静默。虽然汉娜的脸仍然压在内斯的肩膀上，她还是想象得出母亲现在的样子：面孔僵硬，眼圈深红。如果她哭的话，汉娜想，不会有眼泪，只能哭出血来。

"出去，"玛丽琳最后说，"滚出这座房子。"

詹姆斯摸摸口袋，想找钥匙，发现它们还在他的手里，他都没来得及放下。他似乎一直都知道，自己不会留下来。

"让我们假装，"他说，"你从来没遇见我，她从来没出生。这些都没有发生过。"然后，他就走了。楼梯平台上的汉娜和内斯没有时间逃跑了，他们还没站起来，詹姆斯就冲到走廊里。看到两个孩子，他短暂地停留了一下。显然，他们全听到了。过去的两个月，每当他看到内斯或汉娜，就好像看到了莉迪亚的某个部分——内斯歪着的头，汉娜半遮着脸的长发——每当这时，他会突然离开房间。他并不真的清楚自己这样做的原因。现在，在他们俩的注视之下，他侧身向前移动，不敢看他们的眼睛。汉娜贴在墙上给父亲让路，但内斯直视着他，一言不发，詹姆斯无法理解儿子现在的表情，悻然离去。外面传来汽车倒出车道的哀鸣，然后是加速的声音和告别的鸣笛；他们都听见了。沉寂如尘土一般覆盖了整座房子。

这时，内斯突然跳起来。别走，汉娜想说，但是她知道内斯不会听她的。内斯把汉娜推到一边，他母亲的车钥匙就挂在厨房里，他拿下钥匙，走向车库。

"内斯，等等，别去。"

内斯没有停步，他把车倒出车库，刮到了门边的丁香花，然后也走了。

楼上的玛丽琳对此一无所知。她关上莉迪亚的房门，整个房间像一块厚重的毛毯，让她无法呼吸。她的手指在莉迪亚的书本上划动，还有那些整齐排列的文件夹，每个夹子上都用记号笔标注了类别和日期。现在，屋子里的所有东西都蒙上了一层粗糙的灰尘：那排空白日记、墙上的科学展览绶带、爱因斯坦明信片、文件夹的外皮、每本书的书脊。玛丽琳想，要是一点点清空这间屋子的话，摘下那些海报和照片之后，墙纸上会出现无数小洞，变得非常难看。还有地毯，它已经被家具压得坑坑洼洼，再也不会恢复原形，就像她母亲家里清空之后那样。她想起她的母亲，那些年里，她一个人守着一座空房子生活，除了卧室的床单是新的，别的东西都没有变化，因为她女儿再也不会回来，她丈夫也早就消失，现在睡在别的女人床上。你曾经爱得那么深，怀有那么多的期望，最后却一无所有。孩子不再需要你，丈夫不再想要你，最后只剩下你自己，还有空荡荡的房间。她伸出一只手，把爱因斯坦从墙上揪下来撕成两半，然后是元素周期表，它现在毫无用处。她猛地扯过莉迪亚听诊器上的听筒，把曾经作为奖品的绶带剪成碎片，把书架上的书一本本地推倒。《人体解剖学彩色图集》《科学界的女先驱者》，每推倒一本，玛丽琳的怒火就蹿高一点。《你的身体是如何工作的》《儿童化学实验》《医学的故事》，她记得每本书背后的故事，犹如时间倒流，莉迪亚的一切在她眼前重放，书堆在她脚边崩塌。楼下，蜷缩在走廊桌子底下的汉娜静静地听着楼上"砰砰"的声音，仿佛一块接一块的石头砸在了地板上。

最后，轮到了书架最边上的一本书：玛丽琳买给莉迪亚的第一本书。它像小册子一样薄，先是独自在书架上簌簌发抖，接着就歪到一边。空气无所不在，展开的书页上写着，盘旋萦绕在你的周围。尽管你看不见它，它还是在那里。玛丽琳希望烧掉这些书，把墙纸剥下来，清除所有可能让她想起莉迪亚的东西。她想把书架踩成碎片。因为书都堆在了地上，书架摇摇欲坠，仿佛疲惫不堪，她轻轻一推，它就轰然倒地。这时，书架底下的空间里出现了一本书：厚厚的，红色封皮，书脊上贴着透明胶带。无须看到封底的照片，玛丽琳就认出了它。她用突然变得颤抖的双手打开书，贝蒂·克罗克的脸赫然又出现在她面前，凝视着她。"你的烹饪书，"莉迪亚曾经说，"我给扔了。"玛丽琳当时有些激动，因为她觉得这是一个预兆——她的女儿读懂了她的心；她的女儿永远不会被局限在厨房里；她的女儿想要更多。原来，她骗了她。她翻动着多年没有见过的书，手指描摹着她母亲画下的铅笔线，摩挲着她晚上在厨房独自哭泣时打湿纸面的痕迹。不知怎的，莉迪亚知道，这本书像一块极其沉重的大石头，对她的母亲有着巨大的吸引力。她并没有破坏它，而是把它藏起来，藏了这么多年。她在它上面堆起一排又一排的书，用它们的重量压着它，这样，她母亲就不用再看到它了。

——选自《无声告白》第十章

## 五、相关研究推荐

[1] 张策. 丧钟为她们而鸣：社会主义女性主义批评视野中的《无声告白》研究 [D]. 江苏：南京师范大学，2016.

[2] 龚淑梅. 琥珀之爱——论《无声告白》里亲子命运的轮回 [J]. 开封大学学报，2015(4).

[3] 殷燕. 困在文化夹缝中的"他者"——《无声告白》评析 [J]. 烟台大学学报，2016(6).

[4] 黄莹. 族裔文化表征背后的沟通主题 [J]. 南京邮电大学学报，2016(4).

[5] 申圆. "于无声处听惊雷"——评伍绮诗小说《无声告白》[J]. 名作欣赏，2016(9).

[6] 朱小兰. 伍绮诗《无声告白》：第一百九十三个汉娜·李 [EB/OL]. 文艺报，2015-11-20. http://www.chinawriter.com.cn/.

[7] 张越. 她靠这部小说"征服"了欧美文坛——推荐伍绮诗《无声告白》[J]. 中关村，2016(12).

[8] 月半.《无声告白》中文版销量突破 50 万 [EB/OL]. 新华书目报，2015-12-28. http://www.cpin.com.cn/s.

# "法医秦明" 系列图书

汪欣桐

## 一、图书基本信息

### （一）图书介绍

书名："法医秦明" 系列图书

包括丛书:《尸语者》《无声的证词》
《第十一根手指》《清道夫》《幸存者》

作者:秦明

类别:小说·悬疑推理

开本:16 开

装帧:平装

定价:均价 33.48 元

出版社:湖南文艺出版社、漓江出版社

### （二）作者简介

秦明，1981 年 1 月生于安徽省铜陵市，毕业于皖南医学院。"80 后"副主任法医师、一线畅销悬疑作家；小说《尸语者》等系列丛书作者。现任安徽省公安厅物证鉴定管理处法医病理损伤检验科科长、副主任法医师；第四届安徽省法医学会秘书长。

"法医秦明"系列小说一经推出，就迅速占据各大网站排行榜榜首。从法医到网络作家，秦明用他独特的"现场感"叙事，为读者讲述法医是如何通过现场勘查、尸体检验来进行"现场分析""现场重建""犯罪分子刻画"的，从而破获多起重大、疑难案件。

生活中的秦明是位名副其实的法医。2005 年以来，每每走进解剖室和案发现场,秦明与同人都在见识着这个社会不为人知的一面。法医的工作繁重且艰辛,但秦明还是会抽出时间通过博客、微博与网友进行沟通和交流。在他的个人微博上,经常有人请教他问题。有人咨询他很多专业问题,也有人询问他对新的热点案件的看法,秦明就在网上发帖,论述了自己对热点案件的推断。因为他耐心与网友交流,并帮助他们解决难题,所以网友亲切地叫他"老秦"。

## 二、畅销盛况

《尸语者》《无声的证词》《第十一根手指》《清道夫》《幸存者》,"法医秦明"系列图书本本畅销,累计销量超过百万册。《第十一根手指》是秦明创作的第三本小说,仅这一部就卖了 30 多万册。整个系列书籍常年占据悬疑小说榜首,是国内具有超级号召力的人气悬疑小说品牌。系列中的第五本书——《幸存者》在当当网 2016 年度好书榜中排行第 53 名,成为排名最高的本土悬疑推理类小说。

与此同时,作为炙手可热的悬疑大 IP,其综合影响力也不容小觑。由《十二公民》导演徐昂执导,张若昀搭档焦俊艳主演的法医秦明系列网剧一经播出就引起热烈反响,收视破 16 亿,创造了网剧的收视神话。

## 三、畅销攻略

### (一)内容优势

#### 1. 内容专业严谨,逻辑缜密完整

"法医秦明"系列图书讲述了年轻的法医秦明与痕迹勘查员林涛、法医助理李大宝一起从蛛丝马迹开始追逐真相,根据丰富的法医知识解读尸体,最终破获一系列案件的故事。侦探推理类小说因其刺激的阅读体验,在读者群中极有市场。然而,相对拥有深厚文学知识底蕴的作家的外国推理小说,本土悬疑小说则可谓"鱼龙混杂"。本土推理悬疑小说的作者 90% 以上均为活跃于各大网

站或期刊的写手。受限于自身的专业知识，国内的悬疑推理小说缺少了较为完整的体系，本格派、新本格、冷硬派、法庭派等成体系的推理元素较为少见，取而代之的是较为虚幻的"鬼怪"风格，该风格因《鬼吹灯》《盗墓笔记》等书籍的走红而被作者们争相模仿，重悬疑而轻推理，大部分难以解释的现象均用鬼怪之说来解释，虽然刺激有余，却难以满足喜欢逻辑缜密、有理有据写作风格的读者群。

"法医秦明"系列图书善于运用专业知识来推进故事情节，如在《第十一根手指》中，秦明的师傅就依仗其对挛缩现象及对人类指骨关节面较大这些知识的深入了解，轻易地分辨出常人眼中的"油炸鸡爪"正是女人的手指，从而推进故事情节。也正是由于秦明对人体骨骼的熟悉，才能在进入现场前就发现死者骨骼来自两个不同的人，从而确定受害者数量，缩小受害人筛查面积。书中的专业知识均查之有据，比之虚无缥缈的鬼神之说，这样的语言更能让读者信服，也提升了故事的真实感，给人身临其境的感受。

在写作逻辑方面，"法医秦明"系列图书同样出色：情感逻辑方面，每一个杀人凶手在被揭露后，都有较为详尽的笔墨进行背景介绍，深度剖析犯人的行为模式和情感基础；推理逻辑方面，罪案现场的介绍事无巨细，在兼顾读者感受的同时致力于细致化描写，每一处与案件有关的细节均未遗漏，为今后的侦破行动提供了依据。"法医秦明"系列图书的写作手法与古典推理流派有相近之处，几乎不给读者与结局无关的细节，除去少量可以影响读者推理过程的情节外，大部分细节均可与法医专业知识一一对应，给读者"有理有据"的信服感，同时也满足了大部分推理悬疑小说爱好者语言风格的偏好。

### 2. 人物性格丰满，提升读者代入感

市面上流行的本土推理小说大部分注重感官刺激而忽略了对人性的刻画。无论什么题材的小说，优秀的作品总要触及最本质的人性，然而，市面上大部分本土悬疑推理小说对人性的刻画较为死板、片面——反派往往穷凶极恶；主角则身怀绝技，武者勇武，智者多谋……同题材小说内容人物形象雷同，不同题材小说则只注重故事发生地点的不同，如《午夜蛇变》的故事聚焦于鬼宅与停尸房的元素；《撞 Le 鬼》主要讲述发生在校园的诡秘故事；《鬼魅事件》则让故事发生在瘟疫重灾区中……作者过分追求恐怖刺激的内容，对写作手法和人

性的探析则不愿多作努力，这也直接导致了读者的审美疲劳，更让本土悬疑推理小说虽然数量极多，却同质化严重，难以引起读者的兴趣。

比较而言，"法医秦明"系列图书在剖析人性方面颇有建树。该系列前三部的最大反派、犯下连环杀人案甚至不断在罪案现场留下证据的犯人汪海润，前半生的过分顺遂让她面对挫折时无所适从；护校的学习经历给了她假扮法医的本钱；悲惨的人生让她慢慢走向极端……一桩桩案件慢慢刻画出人物的剪影，最后的自白信则使种种线索连接起来，让人物更加有血有肉。主角秦明从一名懵懂的小法医一点点成熟起来，正直而开朗，专业知识的雄厚并未掩盖言语中的烟火气息，即使在经历过种种离奇恐怖的杀人案，且刚刚险被陷害为凶犯后，仍然可以在面对梦游时喊出"我要去实验室里做实验"的大宝时，忍不住想跟唱"在实验室里做实验，看看有没有不变的诺言……"这样的情节让人忍俊不禁的同时也使秦明坚强又乐观的性格更加丰满；这些人物成长于不同的背景，却仍然保有与普通读者相近的生活气息，这样的写作手法使读者对角色有代入感，也更容易沉浸在故事情节之中。

### 3. 写作风格简明，发挥本土优势

相比国外悬疑推理小说，"法医秦明"系列图书充分发挥本土作者优势，语言生动而富有生活气息，更加贴近读者。外国悬疑推理小说受限于创作语言，其翻译常常难以尽如人意，且大部分作品很难由同一个译者进行翻译，难以保持同样的文风。如埃勒里·奎因最著名的"国名系列"小说在中信出版社出版的版本中，数量高达9本的图书系列，没有任何两本是由同一个译者进行翻译的，对于需要流畅阅读，从文本中寻找线索的悬疑推理小说而言是极大的缺陷，对读者的阅读体验影响较大。多个不同译者造成的文风不同也使系列书籍难以给读者熟悉感，作者优势难以体现。"法医秦明"系列图书则由本土作者写成，语言简洁明了，除案情叙述外，大部分文本由对话组成，注重生活化的同时不乏专业性，使读者的阅读过程更为流畅。

简明的语言风格同时减轻了读者的阅读负担。众所周知，大部分侦探推理小说的作用是让读者在享受刺激案情的同时放松心情，"法医秦明"系列图书简单直白的线索和专业知识无疑使读者读书休闲的目的得到最大的满足。

情节设置方面，"法医秦明"系列图书同样将本土优势发挥到最大。《油爆

奇案》将案发地选在小吃街；《井底之灾》中破案的关键是一辆破旧的三轮车……相比发生在神秘孤岛、风雨中的古堡等地点的悬疑小说，生活化的案件搭配离奇恐怖的尸体，使小说更加引人入胜，悬疑感也更加强烈。

### 4. 碎片化阅读与传统纸质书籍的完美融合

"知识爆炸"的时代，人类知识量以几何级数增长。现代生活的快节奏，使人们获取知识信息的方式日益呈现"碎片化""快餐式"的状态，系统性的深阅读成了一种"奢侈品"。"法医秦明"系列图书每本书约有 12 个章节，每章约28 千字，每章多为一个完整的故事，大部分故事之间无太大联系，这种文章结构十分适合当代人碎片化阅读的习惯。然而，主线故事的存在让该系列书籍同时具有传统纸质书的系统性优势。类似数字化图书的轻松阅读体验使读者更易接受这个系列的内容，每个小故事都能带来阶段性的结局与成就感，而主线故事则让全书形散神聚，对最终反派的猜测驱使着读者的购买行为，直到集齐全套书籍，才能得知最终的真相。"法医秦明"系列图书兼顾读者的深阅读与浅阅读需求，无论是想读"睡前五分钟故事"，还是想畅快淋漓地"一天读完一本书"，都能在"法医秦明"系列图书中获得满足。

## （二）装帧设计

### 1. 外部装帧：风格统一，巧借东风

"法医秦明"系列图书的 5 本书，版权方是中南博集天卷文化传媒有限公司，因此，其虽然由漓江出版社与湖南文艺出版社两家出版社出版，但在装帧方面仍保持极大的统一性。该书装帧风格鲜明，整个系列均以黑色为底色，辅以红色文字、白色背景图。

以系列第四部作品《清道夫》为例：封面部分，左侧边缘有类似尺子的白色刻度，与法医严谨的工作方式不谋而合；书名色调为正红色，宋体加粗，右上角同样以正红为底色，在书签状色块上以白色黑体写有"法 / 医 / 秦 / 明系列 Voice of the Dead 第四季"的字样，强调其系列书籍的身份。右侧用红色方框框住红色字体，竖排书写"被世界遗忘的他们，正面临'清道夫'的屠戮"，突出这本书的主线情节。封面中部为黑白色照片，四周为黑色，与背景融合较好。图片为一扇打开的门，门中有张斜放的床。斑驳的铁窗、破旧的木门、脏乱的

床铺……整体图片呈现出压抑的感觉，在贴合书籍内容的同时，也与书中的第一章"后窗血影"中的案发现场十分相似，一举数得。

与此同时，整个系列书籍的封面上都有红色黑体字的"死亡不是结束而是另一种开始"的字样，这句看上去有些玄幻意味的话，对法医界有令人动容的特殊意义。这句话点明了法医的工作性质：他们是生存与死亡的言语翻译者，是冰冷而温暖的亡魂代言人；他们的工作不被常人理解，却仍然努力，只为让每一位死者的冤屈得到平复。封面上的语言凝练优美，直触人心。字符较少的封面设计符合书籍本身简洁明快的风格，也为书籍加分。

封底部分，以《第十一根手指》为例：上部有与封面相同的白色刻度，与封面呼应。中上部用红色宋体加粗字体写有"畅销 30 万册'法医秦明'系列第三季"的字样，将销量数据摆在读者面前，为该系列小说的质量提升了说服力。"真实！专业！震撼！惊骇！"用简洁的文案概括该书的整体特征，四个叹号的组合引人注目，吸引读者目光。其下则用较小的白色黑体写有："法医，与死者朝夕相处的神秘职业，即将剖开震撼人心的亡灵之声……"结合书籍内容给读者留有悬念，意犹未尽的省略号则突出了该书作为系列书籍第三季的承上启下之用。白色字体与黑色背景对比明显，较红色字体而言更为醒目，然而其较小的字号，更下方的文字位置则使它的受关注程度稍逊于上方红字，二者相得益彰。总体而言，封底的文案较封面更多，但由于没有图片作为底衬，并不显得繁复。文案全部处在封底的中上部，中下部则除了定价、条码及二维码再无其他，将关注让给腰封。

腰封部分，"法医秦明"系列图书的 5 个腰封统一度比封面封底更高。腰封仍以黑色为底色，正面左侧最醒目处有网剧版《法医秦明》的横版海报，右侧则有"法医秦明网剧 2016 年 10 月 13 日 搜狐视频独家开播 每周四晚更新 敬请期待！"的字样，红底白字，较为醒目，旨在借同名网剧的火爆反向助推书籍销量，互惠共赢。下方则根据每个系列的出版时间实时更新该本书出版时前几本书的销售数据，如《清道夫》腰封上写"畅销 50 万册 / 四季精彩追踪 /61 桩奇诡命案 / 突破 73 000 万点击"，用真实的数据体现了书籍的质量与实力，更有说服力。最下方仍然延续整体外部装帧风格，采用白色刻度花纹装饰。封底背面与封底风格相同，较为简单。在说明书籍附赠品——限量珍藏版书签的同时，将博集书友会的微信二维码标在下部，方便读者扫码关注，并可随时提出和书籍有关的问题，与同好随时交流读书感想。

书脊部分，上部有红色圆形底纹，白色字写明"法医秦明 第 × 季"字样，整体看来较为整齐，方便读者查阅。

在用纸、用料方面，书籍采用轻克重胶版纸作为主体，在减轻图书重量的同时压缩成本，提升了利润，而且纸张发黄，有护眼功能。

总体而言，"法医秦明"系列图书的外部装帧风格明确统一，详略有致、重点突出，且贴合书籍内容风格。封面设计巧妙借力同名网剧，借由画有 3 个主演的海报对本书进行宣传，吸引演员粉丝进行阅读，额外创造读者的购书需求。

### 2. 内文版式：各有侧重，简约不简单

"法医秦明"系列图书在内文版式上大部分保持统一。每本书开头均有作者为书籍写的序言，语言平实真挚。序言前则有单独一页上书"献给支持和热爱着法医工作的人们"，作用与序言类似。目录风格也十分统一，每个案件下方有较小字号写的案件概况，让读者仅观看目录就能了解大致案情，与喜爱碎片化阅读的读者需求不谋而合。内文排版较密，但周空较大，大大缓解了密麻的文字带来的压迫感。

每一章节的开头均处在奇数页，风格统一。章节开头均设有占页面一半的图片：三条细线交错纵横，象征着琐碎却有逻辑可寻的线索，左侧一只戴着手套的手紧握手术刀，似乎要借由它解剖尸体，剖析线索、抽丝剥茧、直指真相；手术刀下方一个横贯整个页面的黑框，右侧用白色宋体写有每一章的章节名称，也是这把手术刀此次将要剖开的迷雾。篇章页的设计风格自成体系，简约却不简单，与内文风格十分贴近。

相比风格统一的正文部分，序言前的插页设计则更加灵活。衬页采用带有纹路的特种纸，提升了书籍的质感。与其他书籍不同的是，具有明确主线故事情节的《第十一根手指》采用草图式的插画跨页展示了法医的各种工具，其后又用一张颇具手绘风格的龙番市地图将本书中发生的案件一个个联系起来，也为后文中犯罪地图学这一隐藏辅线埋下伏笔。这样的设计使每本书风格相近却各有不同，给予了读者更多样的阅读体验。

### （三）作者优势

畅销书研究专家李鲆曾经说过，作者知名度在影响书籍是否畅销的因素中可占到 30%，其重要可见一斑。"法医秦明"系列图书的作者秦明以"法医秦明"为名，在微博上运用自己的知识为网友排忧解难，专业而不乏风趣，将繁复的知识讲得深入浅出，深得网友的喜爱。其粉丝数相比知名畅销书作家——《乖，摸摸头》的作者大冰的 344 万、畅销书《陪安东尼度过漫长岁月》的作者安东尼的 305 万，甚至作品被多次改编为电影的畅销书作家张嘉佳的 1 101 万，"法医秦明"的 356 万粉丝数并不逊色，较高的知名度让他的"法医秦明"系列图书在出版前夕就享有了极高的知名度，"法医秦明"本人幽默风趣的语言方式也让他极有粉丝缘，这让该系列图书在宣传方面更加方便有效。根据新榜的数据评估，其同名微信公众平台的活跃粉丝达 10.3 万人，在同类书中位列翘楚，发布在该公众号上的秦明新书《守夜者》的宣传文案，平均阅读量达 2.5 万，微信端的粉丝优势同样在助力图书销售方面作用极大。

### （四）宣传营销手段

作者秦明早年间通过新浪博客连载"法医秦明"系列文章，积累起第一批粉丝。截至 2017 年 6 月，其第一部书籍《尸语者》的第一章，博客阅读量高达 1.4 万，其博文的平均阅读量超过 5 万。秦明本人也通过自己的博客不断积累人气，逐渐成为人尽皆知的"热心法医老秦"，并一步步成为畅销书作家。2012 年，微博作为新兴社交平台突然崛起，发展潜力看好。秦明抓住机会，开始在微博上同步推送新书的连载章节，将博客的粉丝慢慢转移。《清道夫》同样立足微博，借助作者人气展开宣传，为书籍畅销助力。相比其他畅销书，"法医秦明"系列图书因作者"微博网红"的身份，其大部分宣传信息都经由微博平台由作者本人发布，也算颇具特色。文中对系列图书的分析以"法医秦明"系列图书第四部《清道夫》为例。

#### 1. 前期宣传：巧用社群，频繁刺激，吸引读者兴趣

《清道夫》2015 年 4 月 1 日出版，但早在 2014 年 10 月 4 日，作者就通过"法医秦明"微博账号公布了新书完稿的消息，并在 2 个月后宣布《清道夫》已进

入出版周期，点明预计上架时间为 2015 年 4 月，为新书吸引关注。图书上市前
1 个月，开始通过微博每日一更，发布《清道夫》试读章节，持续为书籍增温，
试读的发布维持了一个月，一直到 4 月 1 日书籍正式上市才停止。每日一更的
速度以较大的频率刺激读者，一次次加深读者对新书《清道夫》的印象，也让
读者养成每天阅读的习惯，最后一章试读的悬念留得十分巧妙，新来的美女搭档、
狠辣的凶手"清道夫"、湖水中被泡烂的尸体……扑朔迷离的情节成功地激发了
读者的阅读欲望，也让书籍的畅销变得顺理成章。

除微博外，《清道夫》同样重视在微信平台上的营销。2015 年 3 月 2 日，
秦明通过微博宣传公众号"法医秦明"，同步更新试读章节。与此同时，微信的
每日推送中还包含一些有趣的法医小知识。这样的营销手段，提升了公众号本
身的可读性与可持续性，关注公众号的读者可能开始只对公众号的其他内容感
兴趣，但每日一更的《清道夫》推送也在无形中起到了广告的作用。

**2. 实际销售：注重电商，签售发力，创造畅销盛况**

2015 年 4 月 2 日下午 4 点，《清道夫》开始在京东、当当、亚马逊等各大
电商网站预售。网站定制版在预售后 10 天印刷完毕，7 天后到达读者手中。预
售时的书籍营销主要有两个亮点：一是设置悬念，延续前三部均有剧情人物原
画书签的设定，但并未公布这部书的书签上是哪位人物，读者只有拿到实体书，
才能解开疑惑。书签的悬念与预售的刺激都让读者的购买欲空前高涨。二是在
不同网站设计了网站定制版：当当特别定制 6 000 册，在此下单的读者可获得全
套 6 张签章版明信片；在京东下单的读者可获得包括前 3 本中夹带的共 4 张签
章版珍藏书签；在亚马逊下单的读者则可获得 4 张签章版卡贴，这些小礼物所
耗成本不高，却能将不同网站购买的图书与书店版普通图书区别开来，而预售
还可比书店早获得图书，这样的营销手段凸显了网店下单读者的独特感，也刺
激了他们的购买欲。预售开始的 3 天内，秦明多次发布微博，实时报道书籍销
售状况，继续提升《清道夫》的话题性。

4 月 3 日，秦明再发微博，并在转发中抽取 10 位网友，送出亲自写的信件，
网友积极响应，转发量再创新高。与此同时，秦明也公布了"在电商网站购买图书，
有机会获得亲笔签名"的消息，再次刺激读者购买。多管齐下的营销手段让《清
道夫》在当当预售 6 小时销量就突破 6 000 册，未上市就紧急加印，创造了本

土悬疑推理小说销量的又一高峰。

线上预售图书陆续发货后，《清道夫》营销团队将重点转移到线下，抓紧书店版图书的巨大市场，持续发力。4月26日，秦明造访浙江，在杭州书展展开签售活动，现场反应热烈，该活动被浙江卫视，北京文艺等电视台报道，图书知名度进一步提升。后续的几天内，秦明微博不断转发带有"清道夫签售"标签的微博，大量现场照片、签售感想给读者身临其境的感觉，而"清道夫签售"标签的高阅读量也在图书开售的20多天后维持了该书的关注度，继续反哺线上销售，可谓一举两得。

### 3. 营销后期：联系前作，多维开发，发挥长尾效应

《清道夫》上市4个月后，图书营销进入中后期。出版商将该书与"法医秦明"系列图书前三部联系起来，开始推出"法医秦明"系列全集的促销活动，在京东、当当等网站打折销售，满足部分收藏爱好者以及新读者的需求。作者在微博为新书《幸存者》宣传造势时，仍不忘提到《清道夫》，并附上购买链接，持续为该书寻找潜在客户。2015年10月，秦明在微博参与"一起来晒枕边书"活动，呼吁大家晒出自己枕边的《清道夫》一书，再次为书籍增添热度。这样的营销手段也与本书零散化的篇章结构相辅相成，符合读者对本书的定位。

书籍热度渐渐消退后，营销团队尝试对内容做更加多维的开发。2016年，《清道夫》推出有声小说，高调登录喜马拉雅FM，由著名传媒播音员一来主持播讲，延伸作品的受众范围，充分发挥了长尾效应。由一来发布的有声小说消息经法医秦明与博集天卷的转发，在微博上阅读超过16万，喜马拉雅FM上的播放量超过100万，单集均播放量2万以上，这次变革让《清道夫》再次火爆了一把，内容的火爆再次助推图书销量，让书籍在上市后期仍然保有竞争力。

2016年10月，由《第十一根手指》和《清道夫》改编的网剧《法医秦明》开播，一经播出就取得强烈反响，获得2016年中国泛娱乐指数盛典"中国网生内容榜-网络剧榜top10"等诸多奖项，同时获得《京华时报》、中国新闻网等多家媒体的一致好评。民间更形成了一股追剧热潮，"法医秦明"系列图书的内容价值进一步提升，涉及领域更加多元。网剧的热播扩大了"法医秦明"系列图书的读者群，大部分网剧爱好者加入进来，这也让处在销售疲软期的《清道夫》迎来了又一销售高潮。多维发力、提升内容价值，这也是《清道夫》获得成功的一大原因。

## 四、精彩阅读

到了地方，圣兵哥开始缓缓地拉开尸袋。尸袋里慢慢地露出一张苍白僵硬的脸。

虽然七八年没有见过面了，但是死者眉宇之间仿佛还是能够辨认出那种熟悉。是的，他就是我小学时候的同桌，饶博。

晴天霹雳一样。这老天是什么意思？究竟是想在我当上法医之前彻底断绝了我的法医路，还是想历练我的意志力让我这今后的法医路走得更好呢？第一次看尸体解剖，就看我的小学同桌。这，太残忍了。

圣兵哥可能看出了我的异样："怎么？受不了？尸体都受不了，可干不了法医啊。"

我依旧调整不了情绪："不是……不是……饶博，是我的同学。"

"是吗？这也太离奇了。要不，你先回去？"圣兵哥也不敢相信世界上还有这么巧，应该说是不凑巧的事情。

我怔了 10 秒，但还是下了决定："我不走，我看。"我觉得，如果我能挺过这一关，那么以后还有什么不能接受的呢？"做法医，就要有强大的心理"。我爸早就和我说过。

圣兵哥用怀疑的眼神看了我一眼："好，看看也好，锻炼一下自己。如果受不了就到车上去，没事的。"

"我受得了。"这个时候，面子还是更重要一些。其实，因为儿时伙伴的暴毙，我受的打击不小，全身都是麻木的。那种麻木至今难忘。

尸袋取下时，一股血腥味扑鼻而来，来势凶猛，我差点呕出来。眼前的景象更是逼人走到崩溃的边缘。那是我的同桌啊，我的玩伴，如今躺在我的面前，一个胳膊僵硬得半举着。整个尸体笔直地躺着，眼睛微张，一点也不像书上说的，死人就像睡着了一样。饶博身上白色的 T 恤已经完全血染，裤腰到裆部也都血染了。圣兵哥和泽胜法医在仔细地检查着死者的衣着，边看边说着什么，一旁的小王哥在紧张地做着记录。尸体翻动时，衣服的破口处还滋滋地往外冒着血。

他们在说什么，我完全没有听见，我的脑袋已经一片空白了。

顷刻间，饶博的衣服已经被完全脱光了，露出了他的文身，文身处已经被血液浸染得很模糊了，我微闭眼睛，不太忍心看下去。但是朦胧之中，看到了他的胸腹部有翻出来的脂肪和肌肉。看起来伤得不轻。

圣兵哥是主刀，站在尸体仰卧位的右手侧，他拿着一根标尺，一处处地量着创口。模糊之中，我清楚地听见了圣兵哥报出的数字。饶博身中 7 刀，胸部 3 刀，腹部 4 刀。7 刀都是创口一钝一锐，创口长 3~4cm，所以致伤方式很清楚了，他是被刃宽 4cm 左右的单刃锐器刺击。

"圣兵哥，这个，还需要解剖吗？死因应该很清楚了吧？"我看见圣兵哥开始准备解剖了，不忍心地说道。

"当然要解剖，不然你知道他伤在哪个脏器吗？哪一刀是致命的吗？"

"这个……有意义吗？"

"呵呵，有没有意义，你一会儿会知道的。"

刀起皮开。圣兵哥麻利地一刀从颈下划到耻骨联合的上方。顿时露出了皮下组织。黄的、红的，十分扎眼。

"一字划开胸腹部，这是我们国家法医习惯的术式。颈部解剖一会儿再进行，先解剖胸腹部，这样等于是放血，可以防止颈部解剖时划破血管导致血液浸染肌肉组织，造成无法判断是肌肉出血还是浸染，这样就无法明确颈部有无遭受过外界暴力了。颈部是关键部位，要留心。"圣兵哥一边分离着胸部的肌肉组织，一边解说着，"分离胸部的肌肉要贴着肋骨，不要像外科医生那样小碎刀，我们没有那么多时间。一刀是一刀，范围要广，下刀要准，刀面要平行，不要切伤肋骨，更不能刺破胸腔。"

看着饶博的胸部被一点点地打开，我的神经已经绷紧到了极限，强忍着呕意。

很快，腹膜也被打开，胀了气的肠子噗的一声就膨胀出来。圣兵哥仔细检查了死者的腹腔，摇了摇头："肚子上 4 刀，没一刀伤到脏器和血管，连肠子都没破，这人真不该死的啊。"

说完，他麻利地用手术刀沿着肋软骨和肋骨的交界处切开，提起胸骨，沿着胸骨的背侧一刀刀地分离，刷刷的组织分离的声音在幽静的走廊上回荡。

当胸腔打开的时候，我已经受不了了，走到旁边抽烟。只听圣兵哥说："真是不巧，只有一刀进了胸腔，刀剑刺破了主动脉弓。剩下两刀都顶住了肋骨，没进胸腔。这孩子真是运气不好，刀歪一点，顶多是个血气胸。"我回头去看，发现饶博焦黑的肺脏已经被拿出了体外，我又是一阵呕吐的感觉。

"圣兵哥，他，是不是烟瘾大，所以……"

"你说肺背侧的黑色吗？呵呵，不是，这是尸斑。人死后，血液往底下部位坠积，所以感觉比上面的组织黑一点。"

"你确定死因了吗？"

"是的，他中了7刀，但是只有1刀致命，就是胸口这一刀，"圣兵哥边说边掀起死者左侧的胸大肌，指了指皮肤上的创口，"这一刀刺破了主动脉，大失血死亡。"说完，他开始用一个吃火锅的汤勺一勺一勺地把胸腔的血液舀出来装在一个器皿里。

"胸腔积血1 500ml，"圣兵哥说，"加上流出体外的血液，足以致死了。加上尸斑浅淡等尸体现象，死因很明确。"

紧接着，圣兵哥解剖了饶博的颈部和头部，未发现明显的异常。那个时候，还很少见电动开颅锯，法医是用小钢锯一左一右地这样拉锯，直到把头骨锯开，那种骨屑的味道，我至今还是最怕闻见。

刚刚缝合完毕，准备收工，只见侦查员小李吭哧吭哧地一路小跑过来。

"怎么了，审讯有进展吗？"圣兵哥很关心审讯的情况。

"别提了，"小李擦擦汗，"3个人持刀，都固定了证据。但是3个人的刀基本差不多样子，他们3个都不承认捅了胸部，都说是捅了肚子。"

现在的地痞流氓也都学聪明了，知道捅肚子捅死人比捅胸口捅死人的几率小多了。

"那不是扯淡吗？胸口3刀怎么解释？"圣兵哥皱皱眉头。

小李摊了下手，表示无助。

"刀带来了吗？"圣兵哥盯着尸体上的伤口少许，突然眼睛一亮，"知道哪把刀是谁拿的吧？"

"没问题，证据都固定了。"

圣兵哥仔细看了看伤口，又挨个拿起分别装着3把刀的3个透明物证袋，仔细看了看刀刃，微微一笑，拿出了其中一把红色刀柄的匕首说："致命伤，就是这把刀捅的。"

我顿时觉得很神奇："不是吧，这样也能分辨出来？这 3 把刀基本一个形状啊！"

"形状是一样，但是大家仔细看尸体上的 7 处刀伤，看起来形态基本一致，如果我们分析，可以说是一种凶器形成。但是，再仔细看一看创壁（所谓的创壁，就是指创口裂开的两边皮肤和皮下组织），致命伤的这一处创口，创壁有一处皮瓣，看出来了吗？"

大家一起点头。

"为什么其他创口没有皮瓣，就这一处有皮瓣呢？创壁是刀的侧面形成的，刀面基本都是平滑的，不应该形成皮瓣。那么形成皮瓣的不会是刀面不会是刀刃，只有可能是刀刃上的凸起，比如说卷刃。"

"噢！对啊！"一群人恍然大悟。争相去抢着看那 3 把刀。果不其然，那把红色刀柄的匕首是卷刃的。

"如果刀的材料不是很好，刺进肋骨后拔刀扭转，很容易形成刀刃的卷刃，那么在卷刃以后再次形成的创口创壁就会留有皮瓣，所以，我怀疑胸部这 3 刀，至少有两刀是这把刀形成的，也可能这把刀原来就是卷刃的。但是，有一点是最关键的，致命伤可以肯定是这把刀形成的。"

"有您这分析推断，我们就放心啦。"小李高兴地又跑走了。

我愣在一旁。直到圣兵哥看看我说："怎么样，刚才不是说这样已经明确犯罪嫌疑人的案件，法医工作、尸检工作就不重要了吗？"

我这才回过神说："真的没有想到。原来铁板钉钉的案件，也会出现问题，这些问题还是需要我们来解决。看来我是轻看了法医学了。"

泽胜法医说："是啊，这样一推断，就明确了多名参与殴斗的行为人中导致死者死亡的直接关系人。这可是案件定罪量刑的关键证据，尸体是不会说假话的。"

回去的路上，虽然我还因为同学的被杀而感到无限悲伤，但是悲伤之余，我感觉到了一丝自豪。我第一次真正地认识了法医学，真正地领略到了法医学的关键作用。我们不仅仅是为侦查提供线索、为审判提供证据那么简单。犯罪分子也有人权，犯罪分子的定罪量刑，有很大程度寄托在我们的手上，今天，我们就无形中在一定意义上为另外两名犯罪嫌疑人洗脱了冤情。

那是非同凡响的一天。从那一天起，我立志成为一名好法医。

——选自《尸语者》第 1~7 页

# 五、相关研究推荐

[1] 李晓月 . 以《法医秦明》和《心理罪 2》为例的受众心理分析 [J]. 西部广播电视，2016，23(1): 97~98.

[2] 中国图书商报 . 本土悬疑小说能否成为畅销书主体？ [N]. 中国图书商报，2007-01-23.

[3] 王玉琴 . 法医秦明 : 这个"尸语者"火起来了 [J]. 廉政瞭望，2016 (12): 48~50.

[4] 李华芳 . 从《第十一根手指》到《法医秦明》看小说文本的影像新生 [J]. 当代电视，2017 (3): 34~35.

# 《忒修斯之船》

王 薇

# 一、图书基本信息

## （一）图书介绍

书名：《忒修斯之船》（又名《S》）

作者：[ 美 ]J.J. 艾布拉姆斯、[ 美 ] 道格·道斯特

译者：颜湘如

开本：16 开

字数：410 千字

定价：168 元

ISBN：9787508650951

出版社：中信出版社

出版时间：2016 年

图 1　封面

### （二）作者简介

#### 1. J.J. 艾布拉姆斯（J.J. Abrams）

J.J. 艾布拉姆斯（J. J. Abrams），1966 年 6 月 27
日出生于美国纽约，美国影视制作人、剧本作家、
导演、演员以及原声作曲家。

J.J. 艾布拉姆斯自小生长在洛杉矶，8 岁时，祖
父带他去参观环球影城。自那时起，他便对光影世
界着了迷。1977 年乔治·卢卡斯《星球大战》上映，
激起了他对科幻电影的兴趣。

1990 年其编剧的首部电影《错转乾坤，时来运
转》上映；1991 年和 1992 年先后担任《关于亨利》
和《天荒情未了》的编剧，取得了一定反响；1993
年出演电影《六度分离》；1998 年创作影片《绝世

图 2    封面（扫描版）

天劫》，同年进军电视圈；2001 年和 2004 年先后创作电视剧《双面女间谍》和
《迷失》，并凭借《迷失》获得艾美奖最佳导演奖；2006 年执导电影处女作《碟
中谍 3》；2008 年创作电视剧《危机边缘》；2009 年执导影片《星际迷航》获得
关注；2011 年制作电视剧《疑犯追踪》，并执导影片《超级 8》；2013 年执导影片
《星际迷航：暗黑无界》，同年宣布执导影片《星球大战 7》；2014 年制作电视剧
《信徒》。

J.J. 艾布拉姆斯笔下的故事以铺陈奇巧、令人上瘾的风格而闻名，他自小热
爱神秘事物，曾以"神秘魔法盒"(The mystery box) 为题受邀至 TED 演讲，大
方分享他自幼的创作灵感源头：一个他永远不会打开的神祕盒子。他热爱在故
事中带给受众"亟待解开真相"的渴求，同时也着迷于拥有无限可能的谜团。
他喜欢挖掘日常生活中为人所忽略的小细节，认为一切事物都有潜力成为"神
秘盒子"，只要保有"尚未打开"的未知，就能让创作者继续织梦，永不间断
地变化出更为曲折离奇的精彩桥段。2011 年，J.J. 艾布拉姆斯在忙碌的拍片行
程中读了一本陌生旅人留下的书，书的扉页写着这句话："看完请留给下一个读
者。"他的创意头脑深受启发，开始想象一本书能通过何种形式，接起两个素未

谋面的读者，于是《忒修斯之船》这本书的大胆构想诞生了。

### 2. 道格·道斯特（Doug Dorst）

美国知名小说家，毕业于艾奥瓦大学"作家工作室"、斯坦福大学创意写作班，并获美国国家文艺基金会资助创作。长篇小说代表作《古墓漂流》（*Alive in Necropolis*）曾获《纽约时报》书评编辑选书、亚马逊书店年度好书、2009 年旧金山一城一书读者票选奖，并同时入围 2009 年美国笔会 / 海明威奖、雪莉·杰克森文学奖、国际幻想艺术协会威廉·L. 克劳福德奖等。他的短篇小说集《冲浪导师》（*The Surf Guru*）亦备受好评，除了再次获得品位严苛的《纽约时报》书评编辑选书，故事的多变想象与原创性也备受推崇，曾获得村上春树的赞誉。

2011 年，导演 J.J. 艾布拉姆斯带着《忒修斯之船》一书的灵感骨架，找上了他心目中的天才作家道斯特，两人立刻决定携手挑战这场前所未见、绝对原创的写作冒险，颠覆纸版书的手写留言叙事手法出自 J.J. 艾布拉姆斯的创意，而热爱文学的男女主角性格设定，则归功于长年耕耘创作圈的道斯特。除了个人创作，道斯特也在大学教授创意写作课程，并服务于推广儿童写作的非营利机构"奥斯汀蝙蝠洞"（Austin Bat Cave）。

### 3. 译者：颜湘如

美国南伊利诺伊州大学法语系毕业，现为自由译者。译著包括"千禧年"三部曲（《龙文身的女孩》《直捣蜂窝的女孩》《玩火的女孩》）、《别相信任何人》等数十册。

## 二、畅销盛况

《忒修斯之船》在美国首刷 20 万册立刻断货，打败了丹布朗的《地狱》，被亚马逊书店读者选为"最想拥有的小说"冠军。

2013 年 8 月，艾布拉姆斯发布了一个神秘的预告片，预告片的末尾，是一个神秘的字母"S"。YouTube 上有超过 2 500 万人观看了这支预告片，引来无数猜测。

2013 年 10 月 29 日，《忒修斯之船》在美国正式发售。拿到书的人都很吃惊，这与其说是一本书，不如说是一个前所未有的绝妙的产品。20 万册的首印数在两周内销售一空。

2014 年 1 月，《忒修斯之船》在中国台湾出版发行，并占据当年诚品书店、博客来全年畅销榜总冠军。

2016 年 5 月 9 日，登陆中国大陆，预售 2 天内即订出 2 万多册。

2016 年 7 月 1 日，中信出版社正式推出简体中文版，168 元的定价，开售两天便售出了 2.5 万套。开售两个月卖出 30 万册。

## 三、畅销攻略

### （一）文本特色

#### 1. 时尚的主题——悬疑探险

这不只是一本小说，更是一部挑战纸书可能性的叙事冒险大片，一部献给文字的动人情书。两个素未谋面的陌生读者，因为对同一本书的痴迷，对文字放不下的执着，携手踏上了一场诡谲的追寻之路……

近几年，悬疑类小说可以说是当代的一种时尚文化，这一主题首先得到了市场的肯定，受到读者的喜爱。再加上这本书以其独特的方式，将悬疑冒险诠释到了极致，挑战了纸书的可能性，让读者如同在影院观赏一部悬疑烧脑大片。让读者在尚未阅读前，就产生极大的好奇心，引起极大的阅读兴趣，从而实现本书的畅销。

#### 2. 丰富的内容——一本小说，两个读者，23 个附件

构成这本小说的内容，除了打印体的正文文本外，还有在正文两旁 8 种颜色，4 轮对话的手写体的各种笔记与批注。另外，书中还附有 23 种附件，比如信笺、旧照片、地址被涂黑的明信片、罗盘，甚至还有一张写满了字的餐巾纸等。读者需要通过阅读原小说、两位读者笔记批注以及 23 种附件，才能成功地读完《忒修斯之船》，完成这次烧脑之旅。

故事情节的设定大致是这样的：

有一天，女主角在图书馆拾获一本 1949 年出版的旧书《忒修斯之船》，这

本书是石察卡所写的，石察卡身份成谜，据说尚未写完这本书便人间蒸发了，生死未卜，留下的是一宗悬案。

女主角看到有人用铅笔在书中写下批注，为追寻石察卡真相，她也忍不住拿起笔加入讨论。两人交换批注，资料越积越多，也越来越走近彼此内心。当她们以为终于快要接近真相时，竟发现了第三个人笔迹。

而《忒修斯之船》这本书本身讲述的是失忆男人被掳上一艘神秘的船，怪异的船员带着他屡屡进行预示命运的航行。书外，石察卡笔下的每一桩背叛、争斗、屠杀都在真实世界中一一发生。

这本小说故事情节的设定，充满了各式各样的悬念，加之以充实的内容，新颖的形式，多线索、多角度、多逻辑、多故事的重叠，给读者带来一种全新的阅读体验。这样虽导致阅读难度较大，却趣味横生，让读者在阅读的自我挑战中感受刺激、快乐与满足。

### 3. 独特的叙述机制

当代叙事学将叙述者按照其是否在故事之中分为两种基本形式，即外叙述者和内叙述者。叙事有三种聚焦方式：零聚焦，即叙述者等同于观察者，取叙述者的视角；内聚焦，取人物的视角；外聚焦，取中性无意识视角。[①] 通过两种叙述者和三种聚焦的组合可以发现，《忒修斯之船》一书的多线特点，决定了叙述者的双重性——既可是悬疑小说主人公 S，亦可是两位交换笔记的"读者"。叙述者的选择决定了聚焦点的转移，《忒修斯之船》一书的叙述机制是外叙述者与内聚焦结合或外叙述者与外聚焦结合。[②]

### 4. 多线的写作特点

《忒修斯之船》设定了一个复杂的故事情节，其写作呈现出多线思维、多条叙事线索、多故事重叠的特点，从而构筑了一个庞大而复杂的叙述体系，打破了传统的篇章式阅读模式。文中多处运用伏笔、暗示手法，"笔记"按时间顺序和阅读逻辑排布，思维跳跃性强，既需缜密的逻辑推理能力，又需多画面、多故事同时推进和构筑的分析能力，需要读者多次反复而不间断地阅读。

---

① 夏清，罗晓亮. 论《忒修斯》的叙事特点 [J]. 合肥学院学报：社会科学版，2009（4）：114-116.
② 支辛. Web2.0 时代的纸质书革命——以《忒修斯之船》为例 [J]. 新媒体研究，2017（7）：134-135.

### （二）整体装帧设计

#### 1. 外部装帧设计

《忒修斯之船》由硬质的函套裹着，函套的设计不仅保证了书的完好性，还增添了几分神秘感。函套的开口处加了封条，封条上的猴子和三桅船是《忒修斯之船》里的关键角色，函套正面印着神秘的"S"，从左侧撕开封条后抽出书来，就看到《忒修斯之船》的封面。从函套的设计开始，就引起了读者极大的好奇心。

封面外观看起来非常旧，封面由格纹美术纸制成，采用凹凸压印与底纸压纹的工艺呈现出年代风貌。书籍上还设有图书馆编目标、前衬的"借阅样书"字样和图书馆章，一处一处构建起20世纪的时空感。

内文纸张材料采用了龙口纯质纸，质地细腻，触感柔韧。所有书页都可以舒展摊开。泛黄的纸则多重底色叠加，加上霉斑和咖啡渍的特殊纹路，每一页原始文件多达4~9层，还原了古书自然旧去之感。

在工艺上，函套、封面、附件的制作涉及了印专色、压纹、压凹、烫黄白黑、模切、铆钉装订等20多种工艺工序，是多年难得一见的高难度作品，极具收藏价值。

#### 2. 内文版式设计

《忒修斯之船》形式的独特性，必然导致其在内文版式上具有独一无二的个性。由于要留出大量旁批的空间，原小说的版心相对较小，天头、地脚及翻口的留白很大。旁批处，以不同的字体和颜色呈现出来，还有箭头的辅助，这样的版式设计具有很强的真实感，很好地还原了故事情节的设定，把读者带入场景中去，从而给读者带来了全新的阅读体验。

图 3　内文版式

### 3. 附件

书页中夹杂着 23 种附件，有年代久远而龟裂的旧照片、画着模糊地图的咖啡馆餐巾纸、薄若无物的小便笺、稚嫩又透着股认真劲儿的学校报纸、盖了档案室章的机密文件，还有故意涂去寄送地址的明信片、双层可转动的神秘罗盘……这些附件散落在全书前后各处。

所有附件依依遵循其年代顺序做出逼真感，并由人工一一放入书中相应位置。一个很贴心的设计是，在每个附件背面的右下角统一标注附件顺序及其所在页码，即使掉落，也可立即归位。

图 4　附件

### （三）意蕴丰厚的书名

《忒修斯之船》，富有深奥的哲学含义，它出自普鲁塔克记载的古希腊传说："忒修斯与雅典的年轻人们自克里特岛归还时所搭的 30 桨船被雅典人留下来作为纪念碑，随着时间的过去，木材也逐渐腐朽，而雅典人便会更换新的木头来替代。最后，该船的每根木头都被换过了。因此，古希腊的哲学家们就开始问：'这艘船还是原本的那艘忒修斯之船吗？如果是，但它已经没有最初的任何一根木头了；如果不是，那它是从什么时候不是的？'"[1] 哲学家 Thomas Hobbes 后来对此进行了延伸——如果用忒修斯之船上取下来的老部件来重新建造一艘新的船，那么两艘船中哪艘才是真正的忒修斯之船？

---

[1]　百度百科．忒修斯之船（百度名片 http://baike.baidu.com/link），2016.

这本书以这样一个哲学命题来命名，能够吸引读者的好奇心，吸引读者通过看书去寻找这一命题的答案。探秘是人类普遍的好奇心理，也是对受众永远的吸引，适用于各行各业产品的销售，图书也不例外。

### （四）新型阅读体验

#### 1. 打破常规的阅读场景的塑造

传统纸质书的阅读场景局限于书页和图画，具有单一性和一体性，读者需要依靠自己的理解、想象，去体会作者传达的信息价值和情感符号，传统模式对读者自身阅读素养的要求较高。

《忒修斯之船》一书则对平面化阅读向立体化阅读的创新展开探索，通过彩印做旧书页、人工添加书香、多附件安插的方式，架构时空穿越感，为读者构筑形象而生动的阅读场景提供了充分的条件。读者可以依据书中内容，寻找对应附件，佐证和丰富书中内容，增强阅读感官体验。寻找、阅读附件的过程趣味横生，更是容易引起读者的好奇心、行动力，使读者的阅读体验、愉悦感有所提升。这让读者在阅读的过程中，感觉自己也是书中的一员，参与到整个案件的破解之中，而不是置身故事外的人，从而实现了一种立体式阅读。

#### 2. 互动式阅读体验

《忒修斯之船》一书最引人注目的特色是珍和埃里克交换批注、资料的"笔记"。批注式书籍并不算罕见，早在清初中国便有金圣叹对多部名书的批本流传于世，主要记载民间学士对世俗文学作品的批判及对时政的暗讽。但《忒修斯之船》并非中国传统意义上的"批本"，其批注属于作者整体创作之一，根本地区别于文人墨客的主观文学批评。

《忒修斯之船》最大的创新之处在于，"批注"为男女主人公两人共同完成，甚至出现了第三人物笔记，而此处"批注"的功能，超越了一般意义上的辅助读者理解的作用，更多地利用叙事的时间轴、逻辑轴为我们展现两位符号性读者之间强交流关系的互动性阅读体验，同时以这两位符号性读者为喻体，建构了全新的叙述体系，是网络时代交互性、信息分享、多人生产的媒介属性的投射。新媒体环境下的受众，逐渐习惯于电子阅读的社交表达功能，对传播过程的互动性要求远远高于前阅读时代，而《忒修斯之船》一书正巧妙地弥补了书籍这一冷媒介的缺失：单一信息渠道和单一反馈体系。《忒修斯之船》向读者们昭示了后阅读时代社交功能正在全力探索植入方式，纸质书自身以兴趣为聚合点的社群将有机会应运而生。

### （五）"快、准、强"的宣传

《忒修斯之船》在正式出版前一个月（5月）便开始进行预售。

电商网站与自媒体同时出力，通过网络平台和社交平台进行强有力的宣传，以提高知名度。同时还推出了视频宣传片，全方位解读书籍。视频会带给人更强和更直接的冲击力，更加全方位地展现这本书的魅力。

宣传语也很有煽动力："阅读《忒修斯之船》的过程，更像是一个游戏、一次探险，你必须亲身参与谜题，让悬疑解谜的线索自书页中迸跳而出，由平面而立体，才能体会到独一无二的乐趣……"可以说宣传语很巧妙地抓住了《忒修斯之船》的特色，也可以说是卖点，其将《忒修斯之船》的独一无二以及所带来的极致的阅读过程描述得淋漓尽致。

还有来自《纽约客》《卫报》、博客来、金石堂等各种权威媒体的强力推荐——它们评论说《忒修斯之船》是此生见过最美的书，是最想带进被窝的书，是值得珍藏的手工艺品，是纸版书对电子书优雅的反击，是对纸书至高的赞礼，是年度不可不论及的话题之书，是无法复制、前所未有的体验！

### （六）出版方的努力——发扬工匠精神

《忒修斯之船》是引进版书籍，中信出版社在制作中文版时，从每个细节还原原版书，发扬工匠精神，以带给读者最好的阅读体验。

按照出版商中信出版社的说法，简体中文版从开本、底色到每章的进展都与原版保持一致。书籍的设计、用纸和装帧由设计师陆智昌参与。这本书的制作过程比较复杂，涉及印专色、压纹、压凹、烫黄白黑、模切、铆钉装订、餐巾纸彩印等多种工艺。这本书的策划编辑邓莉和团队经历了许多尝试才得以将它们实现。除了设计方面，中信出版社还邀请了4个人为《忒修斯之船》撰写书写体文字，以更加真实地还原原貌。

中信出版社在引进这本书时，也没有想到能获得如此好的市场效果。"第一次见到这本书的英文版和繁体版，已经是近两年前的事了。那时大受震撼，脑洞被打开。心想一定要去挑战欧美出版社的工艺，那时真没考虑到书籍销量的事，没想那么多。"邓莉对《好奇心日报》说。

做书需要用心，当你把手中的书当作自己的孩子细致地照顾、培养，他总会在一些方面出彩。《忒修斯之船》的畅销，离不开在其身上投入时间与精力的每位用心的出版人，他们以极致的态度对自己的产品精雕细琢、精益求精，是他们对细节的坚持不懈、追求完美、执着如一的工匠精神成就了这本独一无二的畅销书《忒修斯之船》。

### （七）纸书革命的胜利

从内容到形式，可以说《忒修斯之船》把纸书做到了目前的极致。有人说《忒修斯之船》是 Web2.0 时代的纸书革命，的确，这本书是电子书无法模拟与取代的。

在纸书日渐受到电子书冲击的大背景下，《忒修斯之船》的推出，可以说为纸书进行了强有力的代言。在看到宣传片时，每位爱书人便已心动。当把这本书拿到手中时，如获珍宝，小心地拆封，缓慢地翻页，轻轻地触摸，细致地观察着它的每一处细节，生怕丢掉哪一个附件，模糊了哪一处笔记。这种感觉只有这本纸质书能带给我们，所以尽管它有着 168 元的高位定价，还是得到了大众的青睐，就是因为这份独一无二的体验。甚至有读者认为，哪怕不阅读，拿来收藏也是非常值得的。并且，《忒修斯之船》不仅满足了受众阅读纸书时那种触摸感，也满足了受众在 Web2.0 时代下对互动性阅读、趣味性阅读、场景性阅读的需求。

《忒修斯之船》用独特的形式、精致的做工、全新的阅读体验为其悬疑的内容塑造了令人神往的阅读场景，加之以"快准强"的宣传，吸引了众多爱书人的目光。从内容到形式，到设计理念，再到阅读体验，都是市场上独一无二的存在。中信出版社这次成功的引进，用心的还原，精心的制作，走心的宣传，迎来了这次纸书革命的胜利。

# 四、精彩阅读

（一）

V. M. 石察卡是谁？世人知道他的名号，知道他是个多产作家，写了许多挑衅意味浓厚的小说，不仅撼动各级政府机关、令无良的实业家感到羞耻，更预知到近几十年来格外猖獗的极权主义终将以骇人的声势横扫全世界。世人也知道他写作极其灵巧，他的每一本书，甚至是每一个章节中，形形色色的成语与文学手法总是信手拈来，随处可见。但世人从来不知道石察卡的真面目，从来未曾确知此人的任何一项人生经历。

可以预见却也令人失望的是，石察卡的身份之谜比他的作品引发了更热烈的研究探讨。对他一生的经历感兴趣当然可以理解，因为他被公认为20世纪上半叶最独树一帜且具影响力的小说家之一。欣赏他的读者想认识这个创作出深受他们喜爱的故事的人，而他的敌人则想认识他，以便封他的口。

坊间有各种关于他参与的活动和关系的传闻，其中充斥着破坏行动、间谍活动、密谋、颠覆、偷窃与刺杀等谣言，这更加激发了追查石察卡身份的狂热。据我所知，在大众媒体（与某些冒称"文学研究"的令人发指的文章）中，没有任何一类阴谋诡计不和石察卡牵扯上关系。或许这是可以预期的，因为石察卡的作品本身便经常涵盖秘密、阴谋与虚幻世界的事件，而作者本身的蛰伏隐遁可能正是其中最精彩也最刺激的部分。

可是把焦点放在"作者"而非"作品"上，对两者都是侮辱。应该只有在作者的私生活中（无论过去或现在，这皆与他人无关），他"是谁"可能才重要。石察卡在寥寥几次可验证的公开声明中确认了，他也认为作者身份的争议被误导，更遑论他的安全、自由与内心的平和受到的致命威胁。

石察卡一般被认为写了19部小说，第一部是讽刺探险小说《布拉克森霍尔姆的奇迹》，1911年在欧洲备受推崇，而最后一部便是你现在手上的这本。此书中还有我为石察卡的忠实读者与研究其作品且负责的学者所做的大量注解。

## （二）

虽然诚惶诚恐，我还是要概述几个有关"可能人选"最常见的主张，以免读者从不可靠的来源寻求资料。有人以为作家石察卡便是工厂工人瓦茨拉夫·石察卡（1892 年生于南波希米亚），但执此论点者必须设法解释一篇新闻报道，其内容是有个同名同姓者于 1910 年在布拉格自杀身亡。还有人——包括许多自诩为的"文学专家"——以不同理由反驳这个理论：诚如莎士比亚的作者身份备受争议，他们认为这些作品不可能出自一个几乎未接受正式教育的人之手。不会的，他们说，这肯定是另一人，另一个资格更令人信服的人，以"石察卡"为笔名写作，例如：

- 瑞典童书作家托斯滕·埃斯壮；
- 或是苏格兰哲学家、小说家兼美食享乐主义者格思里·麦金内；
- 或是一度受人尊崇，如今已大为失宠的西班牙小说家兼传记作家蒂亚戈·加西亚·费拉拉；
- 或是美国低俗小说家兼编剧维克托·马丁·萨默斯比；
- 或是加拿大探险家 C. F. J. 沃林福德；
- 或是德国无政府主义者兼辩论家赖因霍尔德·费尔巴哈；
- 或是知名捷克诗人兼剧作家卡耶坦·赫鲁毕；
- 或者甚至是法国考古学家、妇女参政论者兼小说家雅玛杭特·狄虹。

有些号称严谨的人提出了玄秘出身的说法：得到 14 世纪修女口谕的小女孩！来自某个遥远星球的古代纳斯卡王！欧嘉女大公，遭谋杀前后都在写作！以及其他谬论：一名凶狠的塞尔维亚民族主义分子，只知其外号叫"阿匹斯神的抄缮官"！几乎可以确定为虚构的"最后一个西班牙海盗"胡安·布拉斯·科瓦鲁维亚斯！那百万只闻名遐迩的打字猴！这些全都不值一哂。

我没有兴趣争辩哪个石察卡的"可能人选"概率大（无论是看似可信、异想天开或其他）。我不知道他的本名、出生地或母语为何，不知道他的身高、体重、地址、工作经历，或旅游路径，不知道他是否犯下过任何一桩他曾被指控的非法、破坏或暴力恶行。我不在乎其他人认为他是谁或对他有何看法。

我在乎的是他的文字技巧与信念热情。我没有为他确认身份的冲动，因为我了解他。我透过他笔下人物的眼睛看世界；我从他的信件，以及我们在他打字稿空白处的讨论中，听见了他的声音，我可以感觉到，他很感激我努力让更多人读到他的小说。至于他的谜、他的秘密、他的错误？无论是过去、现在还是未来，我都不关心。

（三）

我坦承：我切切渴望着某天的早班邮件中会再次出现那种发皱并沾有墨渍的马尼拉纸信封，信封外的邮戳脏污不明又没有回邮地址，信封内则是石察卡惯用的葱皮纸打字稿——照例以某种我不知道作者竟精通的语言写成。而这充满挑衅又令人愉悦、难以捉摸又具启发性的第 20 部小说，必将为作者的作品集再添宝贵的一笔。

但这事不会发生，石察卡已经死了。死于谁手，我不敢断言。

（四）

3 年前，即 1946 年 5 月底，我收到石察卡的电报，要我从纽约前往哈瓦那的圣塞巴斯蒂安饭店。电报中说他会亲手交给我新小说《忒修斯之船》第十章即最后一章的手稿。我何其荣幸，也很高兴能与石察卡合作超过 20 年，翻译了他的 13 部小说（每一本都译为数种语言），但尽管合作关系意义深远、成果丰硕，却只活跃于书信往返，我记得我们从未碰过面。电报暗示他终于准备好让我一睹庐山真面目，因为完全信任我不会泄漏任何事去危害他的匿名状态与人身安全。

我依计划在 6 月 5 日上午抵达饭店，向柜台人员询问了他旅行时用的化名（虽然他以后再也不会用到，我仍不在此公开）。柜台人员告诉我"F 先生"出去了，并交代请所有访客到饭店餐厅等他回来。我一直等到午夜餐厅打烊，忍不住满心忧虑，说服了夜班服务人员带我上楼到客房去。房里的景象让我毕生难忘：显然有过一番激烈打斗——椅子断裂、桌子倒翻、灰泥墙上满是洞孔与砍痕、衣物散落、一部"流浪者"打字机倒栽葱似的躺在地上、窗台沾有血迹——窗户开向一条小巷道，三楼高的落差。窗子底下呢？两个穿警察制服的男人，正将一具用毛毯裹起的尸体抬上一辆货车后车厢，准备运走。之后呢？就只剩货车排出的废气，以及几张四下飘飞的葱皮纸。

我是否应该去追货车？也许吧。但在震惊伤痛之余，我凭着本能行动，奔至小巷拾起纸张。一如我所期望又害怕的，这些正是石察卡的《忒修斯之船》

第十章的部分原稿。你即将读到的第十章版本，便是根据这些，加上服务员发现塞在石察卡房内床垫底下的另外几张所写成的。我尽了最大努力重建这个章节，并依照与石察卡意向相符的方式填补缺漏。

（五）

"如果石察卡死了，"曾有人问道，"那么他的尸体何在？"这有什么重要呢？假如他的骨骸埋在地下什么地方，那么就已经融入大地成为一体；假如在水里，那么就填入了我们的海洋，并从云端化成雨水落下；假如在空气中，那么我们必定能呼吸得到，正如我们从他的小说中吸入生命力。石察卡不只是说故事的人，也是故事。而且，这故事充满活力，千变万化、永垂不朽。

（六）

石察卡的书从来没有前言、译者序、注解或其他任何附加文章，作者非常坚持在他著作的封面与封底之间只能出现他写的东西。那么我现在是不是违背了作者的意愿呢？恐怕是的。但倘若有办法让石察卡看到我这些文字，他应该会谅解我的动机，并感受到字里行间从头至尾的诚心实意。他眼中的我不仅深爱他的作品、让他的文字遍及数百万读者，还热心保护他的匿名身份——他的艺术尊严甚至是性命所在。他了解我对他的忠诚自始至终坚定不移。我与石察卡的结合始于我内心最温柔的角落，也将在此告终。

——选自《忒修斯之船》第 v~xiv 页

# 五、相关研究推荐

[1] 夏清，罗晓亮 . 论《忒修斯》的叙事特点 [J]. 合肥学院学报：社会科学版，2009（4）：114~116.

[2] 支辛 . Web2.0 时代的纸质书革命——以《忒修斯之船》为例 [J]. 新媒体研究，2017（7）：134-135.

[3] 百度百科 . 忒修斯之船 . 百度名片 http://baike.baidu.com/link，2016.

[4] 赵英 . 畅销书攻略 [M]. 武汉：华中师范大学出版社，2010.

[5] 张文红，李惠惠，蕾蕾 . 畅销书案例分析 [M]. 北京：知识产权出版社，2015.

# "心理罪" 系列丛书（全 5 册）

周　爽

# 一、图书基本信息

## （一）图书介绍

书名："心理罪"系列丛书（《画像》《教化场》《城市之光》《暗河》《第七个读者》全 5 册）

作者：雷米

开本：787mm×1092mm　16 开

类型：文学、悬疑小说

字数：《心理罪：画像》290 千字

　　　《心理罪：教化场》270 千字

　　　《心理罪：城市之光》374 千字

　　　《心理罪：暗河》290 千字

　　　《心理罪：第七个读者》372 千字

定价：《心理罪：画像》28.00 元

　　　《心理罪：教化场》29.80 元

　　　《心理罪：城市之光》36.00 元

　　　《心理罪：暗河》29.80 元

　　　《心理罪：第七个读者》39.80 元

出版社：重庆出版社

出版时间：2012 年

装帧：平装

ISBN：《心理罪：画像》9787229034528

　　《心理罪：教化场》9787229015220

　　《心理罪：城市之光》9787229058791

　　《心理罪：暗河》9787229036614

　　《心理罪：第七个读者》9787229089610

## （二）作者简介

　　雷米，原名刘鹏，中国刑事警察学院犯罪心理学教师，精通犯罪心理学和刑侦学，洞悉形形色色的罪恶甚至超过自己的掌纹。以网络原名《画像》等犯罪心理小说闻名于网络，粉丝无数，读者言必称其"老师"。2017年5月9日入驻豆瓣，获得豆瓣创作者认证。主要作品有《第七位读者》（自2006年7月至9月连载于《今古传奇·故事月末》，获2006年年度最佳长篇惊险悬疑故事）、《画像》《教化场》《暗河》《城市之光》。其作品先后被译成多种文字在欧美、越南等国出版，繁体版在中国香港和台湾地区出版上市。

　　他的作品中富含犯罪心理学、法学、刑事侦查学、现场勘查学和法医学知识，既有国内外真实案例的再现，又不乏大胆奇诡的想象，使作品感染力和深度兼备，具有极强的可读性，同时也能引发读者的深刻反思。以其代表作"心理罪"系列丛书闻名于中国文学界，成为当今国内最优秀的心理犯罪悬疑小说家。

　　两部以"心理罪"系列丛书改编的网络剧已经问世。由李易峰、廖凡、万茜等主演的《心理罪》已经于2017年在全国上映。

## 二、畅销盛况

　　早在2012年，在天涯社区"莲蓬鬼话"别院出现了一篇名叫《画像》的犯罪小说，作者是个名叫 lane lau 的人。连载了半年多，《画像》的点击一路攀升，帖子名改为《心理罪：画像》，同时作者也公布了新的笔名：雷米。板块内形成了一股该书的死忠粉丝，并自称"米粉"，开始纷纷发表新帖讨论书中的故事和细节。

这本《心理罪：画像》被重庆出版社、北京华章同人文化传播有限公司相中，在数十家出版机构的争夺中拔得头筹，并在 2007 年 10 月顺利出版上市。一时间全国各大新华书店纷纷上架重点推荐此书，销售势头一路高歌，在短短几个月内就创下了 5 万册的畅销成绩，为当年年度国内原创悬疑小说之冠。

作者又在天涯论坛开始连载"心理罪"系列的续作——《心理罪：教化场》，该书在连载半年后顺利出版上市，又创下了无数畅销纪录。

2011 年，北京华章同人忽然以迅雷不及掩耳之势高调宣布："心理罪系列"第三部《心理罪：暗河》正式亮相 2011 年春季北京书会，崭新的故事设定，金牌设计团队"7 拾 3 号"精心打造的封面，全方位立体化营销宣传，《心理罪：暗河》一时被全国各地众多经销商纷纷下单订货。之后的北京新华书店畅销榜上，该书排在西单图书大厦悬疑小说类月榜前 10 名，在全球最大的中文网络书店"当当网"中，《心理罪：暗河》的排名更是火速攀升，迅速荣登图书五星最新总榜第一名。

## 三、畅销攻略

### （一）内容市场的环境分析

#### 1. 犯罪悬疑类小说市场基础良好

从近年来的整体市场环境上来看，中国侦探小说和犯罪小说的读者群不断扩大，比如，日本犯罪推理作家东野圭吾、英国的阿加莎等作家作品一直是中国图书市场上的畅销书。2015 年是东野圭吾的作品引进中国的第 10 年，其犯罪推理小说在中国销售了 40 多种、800 多万册。犯罪小说、侦探小说有如此庞大的读者群体，可见悬疑犯罪类的小说内容在国内并不缺乏群众基础和文学基础。

#### 2. 受到影视剧改编的青睐

近两年，各类影视剧的改编也纷纷将矛头指向了犯罪悬疑类小说，这也正是因为犯罪悬疑小说以曲折的情节、强烈的悬念、严密的逻辑取胜，犯罪心理学类的影视作品也受到广大的关注，尤其是悬疑心理学的作品更受青睐，从影视剧来看，《心理罪》《十宗罪》《他来了请闭眼》《心理师》等一系列的应时剧都是围绕悬疑、犯罪心理学展开的，市场状况比较好。对于"心理罪"系列小说来说，已经改编成两部网络剧，而且得到了广泛的关注和颇高的评分，其第一季的网络剧豆瓣评分高达 7.6。

### 3. 网络小说涉及犯罪悬疑类较多，但普遍质量并不理想

从网络小说的角度来看，题材基本都属于泛滥状态，产量极高，但真正有质量的则是区区少数。大多数的网络写手都是业余的。从悬疑恐怖这方面来说，当今的写手大多都是网络写手，其中不乏一些人气巨高者。但大多都是因为有成功的先例来模仿的，例如盗墓、古老传说、降妖这些题材的模仿风多是从《鬼吹灯》《盗墓笔记》这些作品而来的，现状是这些题材基本被写滥了。这类小说最大的特点是重逻辑因果，推理用字面解释就是推出原理，即用已知条件还原已发生的事实真相。由于其逻辑性的严密,相对来说应该算各类小说中很难写的，正因如此，在当下的这类细分市场上严格来看属于推理的小说且质量高、逻辑清晰、严谨的颇少。

"心理罪"系列小说，作为从网络连载的前身来看，其较高的质量以及作者专业化的写作水平，正是这种系列小说在网络文学中脱颖而出的关键。

### （二）作者的专业地位与学识造就了这部小说的成功

在对"心理罪"系列丛书的作者雷米的一次访谈中，他谈到了在国内从事犯罪心理小说写作的作者的确不多。在他看来，它属于类型化作品中的"类型化"，同样是具有很大市场潜力的一类作品。因为每个人都会对自己不掌握的专业领域充满好奇，渴望有所了解。所以，写作者如果具有一定的专业背景，能够娴熟地运用自己的专业知识，同时具有相当程度的写作能力的话，那么这类题材的作品一定会吸引较大范围的读者群。我们可以得知，犯罪推理类的小说撰写需要较高的专业性才能打造读者喜闻乐见的小说内容，所以，依靠雷米的专业背景知识，这也是"心理罪"系列丛书博取读者喜爱的原因。

雷米作为中国刑事警察学院刑法学教师，精通犯罪心理学和刑侦学，他洞悉形形色色的罪恶，专业的知识基础打造了逻辑严谨的小说框架与情节展现。有"中国犯罪小说第一人"之称的雷米被称为"超专业推理、高智商悬疑"的作家。作者的专业职业背景塑造了其"超专业"的犯罪推理小说作家的称号。

雷米创作的第一本犯罪小说《第七个读者》就是在大学的图书馆里获得的灵感。写成这本书是在 2006 年，那时他在学院已经工作了 3 年，每天都会接触到形形色色的案例，正是因为这样的环境，为作者写作创造出了良好的写作氛围。

### （三）图书内容具有强有力的吸引力

#### 1."心理罪"系列丛书主题抓人眼球

"心理罪"系列丛书，最重要的核心就是犯罪，犯罪是人类情感的一种极端表达方式，任何一起刑事案件背后都会有各种各样的故事。作者把它们用文字的方式整理出来，让更多的人去重新审视"犯罪"这种社会现象。

作品的最大特点就是重猎奇、重口味、血腥、恐怖，题材均为变态犯罪、异状尸体等，这些元素都对广大读者具有极强的吸引力，这些字眼极其容易引起读者的注意，抓人眼球，并且对其产生猎奇心理。

#### 2."心理罪"系列丛书内容质量高

图书的畅销原因比较多元，但是最重要的就是其内容质量，高质量的内容情节逻辑清晰。作为犯罪推理小说，每条线索的有条不紊的展开、专业化的术语以及形象的场景刻画都是这本书最大的亮点，也是这本书从网络连载小说中脱颖而出获得广大网络粉丝青睐的制胜关键。

本套丛书围绕主人公方木从学生到一名警察的成长历程展开，时间线较长，故事格局一步步扩大，虽然本书主题是犯罪推理，里面充斥着大量的各种犯罪的描写以及变态的罪犯心理描写，但是这本书的中心思想仍是积极向上的，从《第七个读者》到《城市之光》，主人公方木思想的成熟以及始终向善的信念是这本书最关键的一条内容主旨，这也是这本书在描写大量邪恶、不美好的事物而不背离主流价值观的重点所在。所以，这本书的畅销不在于其对黑暗的透彻描写，而是其始终向善的主流价值观在文中始终如一的展现。

本套丛书的内容虽然没有其他文学类小说那样优美的语言风格，文中人物对话也大多是爆粗口以及吸烟酗酒等行为描写，但是这些更能使得人物形象以及故事显得立体、现实，平淡无奇的语言风格与任务描写，无疑是使神秘的侦探色彩以及推理小说显得更贴近人间烟火。

### （四）系列化的装帧设计

"心理罪"这套丛书一共 5 册，一体化的装帧设计风格，对渲染本套丛书内容的悬疑特点具有一定的帮助，本书的书封设计就现出一种神秘感，破碎的色块、爱与朦胧的人影正符合这本书的主题定位。

这套丛书的腰封也具有独到之处，腰封的内容呈现出本套丛书上、下册的内容连接关系。对读者阅读具有一定的启示。

### （五）内容向影视剧延伸，打造系统化 IP 产业链

从畅销发展历程上来看，本套丛书 2006 年在天涯论坛莲蓬鬼话栏目开始连载，在网络连载阶段就形成了一定的粉丝群体，这些粉丝自称"米粉"。之后在 2007 年成书出版，一路畅销。

2015 年，"心理罪"被改编成网剧，并且获得较高的点击量和好评，2016 年继续拍摄的同名网剧第二季，也获得大量的网络点击与好评。同年，根据"心理罪"系列丛书改编而成的同名电影举行首场发布会，该片由谢东燊执导，廖凡、李易峰主演，并宣布影片将于 2017 年的 8 月 21 日上映。2017 年 2 月 25 日，由徐纪周导演，邓超、阮经天、刘诗诗、郭京飞等联合主演的《心理罪：城市之光》也亮相出来。

对于"心理罪"系列丛书而言，打造系列化的影视剧亦可以使得图书畅销程度再次提升。从其影视剧改编上来看，制作团队也使书评越来越受关注；从演员阵容上来看也是一路走高的趋势，这都会使"心理罪"系列丛书的读者数量再次增长，本系列丛书内容也将会形成一个大的 IP 产业链。在一个更大的产业链下，随着影视剧明星效应的注入，也更有利于纸质图书的销量再次激增。这也是近年来网络文学影视 IP 改编的成功之路所体现的共性。

## 四、精彩阅读

昨天晚上，他们又来找我了。

他们还是照例不说话，默默地站在我的床前。而我，照例还是僵在床上动

弹不得，眼睁睁看着那些烧焦的、无头的躯体围在我的周围。而他，依然在我的耳边轻轻说出：其实，你跟我是一样的。

我已经习惯了和他们在夜里相遇，可是，仍然大汗淋漓。

直到他们一言不发地离去，我才重新听见杜宇在对面那张床上平静的呼吸。

窗外清冷的月光静静地泼洒进来，宿舍里的火焰早就消失不见了，有点冷。

我费力地翻了个身，手摸到枕头下那把军刀，感觉到粗糙、略有起伏的刀柄，呼吸慢慢平静。

我又重新沉沉睡去。

偶尔我也会回到师大看看。我会坐在男生二宿舍门前的花坛上，那里曾经有一株很老的槐树，现在是各种五颜六色、叫不出名字的鲜花，在微风中轻薄无知地搔首弄姿。我常常凝望着眼前这栋七层高的现代化学生公寓，竭力回想它曾经的样子：颜色褪尽的红砖，摇摇欲坠的木质窗户，油漆斑驳的铁皮大门，以及那些曾经在这栋楼里进出的年轻面孔。

突然间，我感到深深的伤感，就好像被一种脆弱的情绪猛然击中。而记忆的闸门，也在不经意间悄悄打开，绵绵不绝，一发不可收拾。

如果你认识我，你会感到我是个沉默寡言的人。大多数时候，我都尽可能独处。一个人吃饭，一个人走路，连听课，都避免跟其他人坐在一起。

不要靠近我。我常常用眼神阻止那些试图了解我的人。所有人都对我敬而远之，而我，却熟悉身边所有人的脾气、秉性、生活习惯。如果你在教室里、食堂里、校园的路上，看到一个面色苍白，看似漫不经心，却在不住打量别人的人，那个人，就是我。

我住在J大南苑五舍B座313房间。我的室友叫杜宇，法理学专业的硕士研究生。大概是因为同住一室的原因，在法学院里，他是为数不多经常跟我说话的人。他是个心地善良的人，看得出他处心积虑地想和我搞好关系，也让我在法学院里显得不那么孤独——尽管我并不在乎这一点——不过，我并不拒绝和他偶尔聊聊天，包括那个娇气得有点夸张的女朋友陈瑶。

"喏，一起吃吧。"

我正端着饭盆，一边吃着拌着辣酱的刀削面，一边聚精会神地看着电脑上的一张图片和下面的文字说明，没有留意杜宇和他女朋友是什么时候走进宿舍的。

那是一串刚刚烤好的羊肉串，上面撒着辣椒面和孜然粉，黄色的油流淌下来，散发出一股焦煳味。

我想，当时我的脸一定比身后的墙还要白，我直愣愣地看着伸到我面前的这串烤羊肉，喉咙里咕噜噜地响了几声后，就把刚刚吃了一半的午饭，吐回了手中的饭盆里。

我捂着嘴，端着盛满还在冒着热气的呕吐物的饭盆夺门而出，身后是陈瑶诧异的声音："他怎么了？"

我无力地斜靠在卫生间的水池边，草草地用水洗了把脸。抬起头，墙上污渍斑驳的镜子里映出一张被水和冷汗浸湿的、苍白的脸，眼神呆滞，嘴角还残留着一点没有洗去的呕吐物。

我弯下身子又干呕了几声，感到胃里空荡荡的，实在没有什么可吐的了，就颤抖着勉强站起来，凑近水龙头喝了几口凉水，在口腔里转了转，吐了出去。

把饭盆扔进垃圾桶，我摇摇晃晃地走回了寝室。

寝室里一片慌乱。陈瑶弓着腰坐在杜宇的床上，地上是一大摊呕吐物，屋里弥漫着一股酸腐的味道。杜宇正捏着鼻子，把一只脸盆扔在她的面前。

看到我进来，陈瑶抬起满是冷汗和泪水的脸，用手指指我，想说什么，却被又一阵剧烈的呕吐把话压了回去。

杜宇尴尬地看着我："刚才瑶瑶也不知你怎么了，看到你正在电脑上看什么东西，很好奇，就过去看了一眼，结果就……"

我没有理会他，径直走到电脑桌前。那是我正在浏览的一个网页，上面有几张图片。其中一张是一个已经腐败的头颅，头面部及脖子上的皮肤已经被剥掉。另外三张分别是被害人被砍掉四肢的躯干和左右臂。这是 2000 年美国威斯康星州发生的一起杀人案的现场图片。我把这几张图片下载到硬盘上的"过度损毁"文件夹中。

我站起身，走到陈瑶身边，弯下腰说："你没事吧？"

陈瑶已经吐得虚弱不堪，看见我，惊恐地挣扎着往后缩，"你别靠近我！"

她抖抖索索地抬起一只手，指指电脑，又指指我，嘴唇颤抖了几下，终于从牙缝中蹦出两个字："怪物！"

"瑶瑶！"杜宇大声呵斥道，一边不安地看了看我。

我对他笑笑，表示不介意。

我真的不介意。我是怪物，我知道。我叫方木，在两年前的一场灾难中，我是唯一的幸存者。

——选自《心理罪之画像》第1~3页

局长走了。

偌大的会议室里只剩下方木一个人，四周瞬间就静得可怕。方木保持着刚才的姿势不动，足足过了十分钟之后，他才艰难地直起身来，伸手从衣袋里拿出香烟。

点燃，深吸一口，烟草的辛辣气息瞬间就在鼻腔里弥漫开来。方木长长地呼出一口气，伸手拽过那个档案袋，抽出里面的文件看起来。

这是一份刚刚从J市公安局传真过来的情况说明，主要内容是丢失档案的编码。

XCXJ02718425：曲伟强、王倩被杀案，2002年7月。

XCXJ028028661：唐玉娥被杀案，2002年8月。

XCXJ02917013：金巧被杀案，2002年9月。

XCXJ021009822：辛婷婷被杀案，2002年10月。

XCXJ021021794：托马斯•吉尔被杀案，2002年10月。

XCXJ021227816：陈瑶被杀案，2002年12月。

……

冷漠的数字，熟悉的名字，瞬间就将方木带回到九年前。寻凶的日日夜夜，仿佛就在昨天。

一号球衣、第二观察室、三叶草、四零四教室、停在5点25分的手表、六号泳道、第七监房。

在那一年，方木结识了一生的挚友，失去了最尊敬的师长，也生平第一次开枪杀人。而那个曾给J大带来灾难，也让方木夜夜陷入梦魇的人，从地狱里爬回来了。

方木不相信死而复生的奇迹。然而，事实就摆在眼前。

——选自《心理罪之城市之光》第376页

# 五、相关研究推荐

[1] 阴阳眼. 越看越惊心——那种触手可及的战栗. 豆瓣书评，2007-11-18.https://book.douban.com/review/1242544/

[2] 漫不经心的窒息——雷米的文字. 文轩网书评，2007-11-21.http://www.winxuan.com/product/10768687/comment/list

[3] 舒晓云. 心理罪：现代城市的罪与罚. 新浪读书,2015-08-28.http://book.sina.com.cn/news/review/w/2015-08-28/1609763376.shtml

# 《人间失格》

杨 霄

## 一、图书基本信息

### （一）图书介绍

书名：《人间失格》

作者：[日]太宰治

开本：32 开

字数：180 千字

定价：29.80 元

ISBN：9787543063822

出版社：武汉出版社

出版时间：2013 年

### （二）作者简介

太宰治（1909—1948）是日本战后"无赖派"也称"新戏作派"的代表型作家，太宰治出身于贵族家庭，从小体弱，心思缜密、敏感。高中时开始发表随笔，1935 年，短篇小说《逆行》入围芥川奖，1945 年《女学生》获第四届北村透谷文学奖。《人间失格》是其被公认的代表作，也是日本无赖派文学作品的典型代表作，在当时的日本社会引起了轰动，与日本国民产生了共鸣。因此，太宰治可以说是最具典型性和代表性的无赖派文学作家，同时其与坂口安吾一起被日本文坛称为无赖派文学的两大泰斗。太宰治的作品多采用"私小说"的自我告白形式，充满了纯粹而敏锐的感受性，渗透着心底真切的迷茫、无助、挣扎以及深深的绝望，吸引着一代又一代的年轻人。

从日本文学史的习惯划分来看，太宰治的文学创作生涯分为三个时期。第一时期：1932年至1938年期间，为其文学骚动、苦恼时期。该时期的特点是在沮丧、生厌的现实生活中伴随少许滑稽和欢快之事。第二时期：1939年至1944年期间，为其文学创作安定时期。该时期的特点是描述艰辛困境中的颓废经历，对新生的重新认识和追求，该时期是其文学艺术上的飞跃时期。第三时期：1945年至1948年期间，该时期是太宰治文学思想创作得到充分发挥的时期。其三大无赖派文学代表巨著《斜阳》《维扬的妻子》《人间失格》均在该时期创作并发表问世。

太宰治不仅在文学创作上其文学理念和文学手法具有"无赖派"特征，而且对于"无赖派"这一文学流派的树立，也有一定贡献。"无赖派"一词，最早就是由太宰治提出的。1946年1月15日，太宰治在给当时的作家井伏鳟二的书信中提到："因为我是无赖派，所以我要反抗战后的风气。"太宰治又在《东西》杂志上发表论文强调其"无赖派"文学思想："我是自由人，我是无赖派。我要反抗束缚。我要嘲笑挂着一副得势面孔的人。"因此，日本文坛把太宰治的这些关于"无赖"的言论称为"无赖派宣言"，这一流派也就这样被称呼得名而来。

## 二、畅销盛况

太宰治的《人间失格》自1993年首次被王向远翻译以来，除去再版译本和漫画系列，目前我国市面上共有近20种译本。

《人间失格》在"二战"之后由新潮文库发行，已经累计超过600万本。2017年《人间失格》在当当网小说榜排名第一，在亚马逊当代短故事销售排行榜第一名。通过对《人间失格》在当当网、亚马逊和京东三大电商网络平台的销售情况进行统计，到目前为止，《人间失格》在三大电商平台销量共计超过30万册。

## 三、畅销攻略

### （一）图书内容

奥尔德里奇曾说"艺术是心灵的产物"，文学艺术是艺术家透过艺术创作表层对社会生活内蕴的揭示，在典型环境下，会产生反映真实社会的典型文学。无赖派文学便是在战后日本特殊时期所衍生的现象文学。日本战败后这段时期，权威失灵、信仰破灭、犯罪迭起，社会一片混乱，人们前途未卜，生活昏沉，一片死气。无赖派作家不约而同地对社会产生了一种悲哀，渴望生存的变革。在战后混乱萧索的年代，战争的悲痛蔓延到了每个人最薄弱的神经，整个社会和国民情绪都在一瞬间崩塌，茫若无从。而无赖派的理念正是"堕落"即"置之死地而后生"，以此拯救失落的国民，借此开始一种新主张的文学创作。

《人间失格》是太宰治一部带有自传体性质的小说，全书由作者的序言、后记以及主角叶藏的三个手札组成，描写主角从青年到中年为了逃避现实而不断沉沦，经历自我放逐、酗酒、自杀、用药物麻痹自己，终于一步步走向自我毁灭的悲剧，在自我否定的过程中，抒发自己内心深处的苦闷以及渴望被爱的情愫。在太宰治的《人间失格》这部作品中，反映了"无赖派"追求叛逆和追求思想解放的文学诉求。

叛逆：无赖派作家亲身体验了战争社会的邪恶，具有强烈的缺失性意识。这种缺失性体验激发了无赖派作家们的反抗情感，对极权主义下的既有秩序、规则和伦理深感绝望，否定了一切的权威与存在，而其反抗的方法便是在文学创作理念上的消极与绝望。将自己对社会的态度深埋其中，在掀开"旧伤痕"的同时灌注进个人情感。在《人间失格》中，叶藏面对身处权威的"神"便持一种否定，文中数次提到耶稣，却抱着一种讽刺与反抗之情。每当叶藏见识到社会的黑暗，内心都有对信仰的绝望，以至于在第三手札的最后，叶藏反问道："我问神，难道连不反抗也是一种罪吗？"同时，在开始与结尾提及了三幅大庭叶藏的照片：第一张幼年照片"让人感觉莫名的阴森"；第二张学生时代照片"不可思议的，感觉不到半点人味"；第三张更加古怪，完全无法揣测其年龄，以至于"即使是所谓的死相，也应该比它更有表情"。气质如此病态的人，咖啡馆老板娘却评价叶藏真是"像神一样的好孩子"。这并非出于对基督教的亵渎，而是反映在作品中对权威的一种否定，是作家理想皈依过程中的艺术批判。①

解放：旧军国统治下的日本人已经麻木、冷漠，人与人之间充满欺骗。无赖派身处其中，追求的是"自由"以及"人性解放"，力图唤醒被束缚的人们。他们在作品中抛弃了一切虚伪，塑造了最特征化的典型人物形象，还原了最真实的"丧失了做人的资格"的人们。太宰治所塑造的典型人物，一方面，受制于典型环境；另一方面，也在追求其反作用，达到一种启示效果。《人间失格》中的叶藏从孩童时期开始便有一种"边缘型人格"，充满一种对世界的无聊与对人类的恐惧，这种性格根植于处身环境，逼迫其行动发展。在叶藏破碎的世界观中，整个社会充斥着腐朽的陈规烂条和虚伪冷漠的人际交往，"胆小鬼连幸福都害怕，碰到棉花糖都会受伤"，叶藏的心理状态被表露无遗。叶藏无法摆脱这种环境的约束，只能哗众取宠，混迹在"病态"的人群之中，度过在家庭的时光，度过在学校的时光，最终还是无法忍受生存的痛苦，彻底堕落。在叶藏看来，这个社会是冷漠虚伪、充满绝望不安的，事实上，这也是日本战后文学创作的基点。马克思主义认为，经济基础决定上层建筑，衡量文学作品的价值要以思想深度和历史价值为基准。《人间失格》看似萎靡颓废的故事，却也是作者面临的真实境况，作者之所以在文中着重刻画叶藏的心理神态，正是契合了当时日本国民普遍的精神世界，恐惧、憎恶、堕落，告诫国民只有解放自己的灵魂才能得到救赎。②

《人间失格》这部作品的表达方式是对传统文学创作方式的一种挑战，这部作品从文字表达本身就有很强的反叛意味，在阅读的过程中，读者的阅读体验是从浸入沉沦到自我解放的一个心路历程。理解这部作品要从了解作者创作时期整个日本社会的现状背景为基础：战后的日本，经济萧条百废待兴，不堪战争重负的日本民众看不到生活的希望，整体社会机制的瘫痪、因为战争而受到摧残的民众心理，当时的日本民众既找不到努力的动力，更看不到努力的意义和方向，每一天的生活都成了煎熬。战争让民众开始怀疑自己对国家和政府的

① 关森.透视无赖派文学的无赖艺术——以太宰治《人间失格》为佐例 [J]. 审美与文学，2017（2）.
② 关森.透视无赖派文学的无赖艺术——以太宰治《人间失格》为佐例 [J]. 审美与文学，2017（2）.

信仰，开始怀疑自己因为战争所经历的苦难是否值得，当时的日本社会无法再为民众创造一个适合的生活工作环境，精神世界的崩塌是最可怕的。《人间失格》描述的就是这样的社会，主人公大藏的一生都在经历这个动荡社会的摧残，作者通过对叶藏这一生接触到的家人、朋友和认识的其他人的描写，以及对叶藏和这些人交往过程中内心的细腻刻画，表达了叶藏对自己所处社会人与人之间关系的绝望，叶藏只能通过自杀来寻求心灵的解放，足见作者对当时的社会环境充满了批评和不满。

### （二）作者的影响力

太宰治是最早提出"无赖派"一词的作者，1946 年 1 月 15 日，太宰治在给当时的作家井伏鳟二的书信中提到："因为我是无赖派，所以我要反抗战后的风气。"而且，太宰治又在《东西》杂志上发布论文强调其"无赖派"文学思想："我是自由人，我是无赖派，我要反抗束缚。我要嘲笑挂着一副得势面孔的人。"因此，日本文坛把太宰治的这些关于"无赖"的言论称为"无赖派宣言"，这一流派也就这样被称呼而得名。太宰治作为无赖派文学的旗手，代表了日本战后文学苛求转变的态度，《人间失格》中充满了堕落的气氛，在该书中表现为"放弃"。而 1948 年太宰治的离世也代表着"无赖派"文学成为了绝唱。

日本作家太宰治的作品是永远的青春文学调子。唯有青年人才能够理解的自尊自恋、自暴自弃糅合出对自我存在的巨大怀疑，又常常以彻底毁灭的结局营造出辛辣的绝望，一种不留余地的写作姿态。而这种姿态，越是成熟越是不能理解。试想一个西装革履的中年白领，又怎会理解被自尊、情感与失败困扰的年轻人深夜买醉、装疯卖傻、动辄轻生的行为呢？所以，太宰治被称为"青年人心灵的秘密代言人"。

现在的青年一代，生活在一个物质环境极为丰富的时代，物欲横流的生活环境需要更为充实坚强的精神世界来匹配，不然，在这样的社会环境下很容易像叶藏一样迷失自我。青春期的叛逆是每个人成长过程中必须要经历的一段人生时光，"谁的青春不迷茫"这类主题成为了青年文学中永恒的经典话题，青年人在开始接触到这个社会的时候会和叶藏一样对自己所面临的环境充满怀疑与不理解，他们会通过一些反叛的行为来表达自己的不满，来试探这个社会的底线。

虽然叶藏生活在一个特殊时期，但是太宰治用其细腻的文笔表达了叶藏对外界的反叛和追求心灵解脱的态度。青年一代的反叛心理和太宰治笔下的叶藏如出一辙，只是面临的环境不同，具体的表达方式不同，正是这些相通之处，使太宰治被称为"青年人心灵的秘密代言人"。

### （三）整体装帧设计

#### 1. 外部装帧设计

我们经常说两个不认识的人在最初了解彼此的时候，第一印象占了很大的比分。对于一本书而言，图书的外部装帧设计是图书面向读者的第一个窗口，是吸引读者注意力从而购买的一个重要指标，图书外部装帧设计非常重要。畅销书的内容是经得起市场考验的，畅销书的装帧设计同样需要经得住市场检验。

图书的外部装帧设计包括封面、底封和书脊三大部分。《人间失格》这本书的外部装帧整体色调是以淡淡的粉蓝色为基调，整体设计简单大方，符合目标消费群体——青年人的普遍审美，给人赏心悦目的感觉。封面和底封的文字颜色为了配合整体的基调，选择了白色，封面设计只是配合字体有简单的白色线条，简约而不失优雅。而底封的宣传文字也是整本书的卖点，"人间失格——残酷青春无处安放的绝望与忧伤"，这样的文字描述能够迅速抓住读者的心理，和读者产生心灵上的共鸣，从而刺激读者的阅读兴趣。

#### 2. 内文版式设计

内文版式的设计是根据图书的体裁与既定开本来确定的。《人间失格》这本书的内文版式设计简洁干净，上下左右留白充分考虑到了读者的阅读习惯，读起来舒畅、爽目。《人间失格》这本书收录了太宰治10部作品，每部作品前面都设计了篇章页，篇章页是全黑的底色，字体选用白色，每个篇章页右下角是富有设计感的日文平假名。篇章页的设计和图书的正文内容页形成了鲜明的对比，让读者在阅读的过程中感受到设计的巧妙与美感，有助于提高读者的审美情趣。

### （四）现实意义及社会效益

太宰治以自我独白的方式创作了《人间失格》，通过太宰治对叶藏和叶藏所处社会环境的细腻刻画，读者在阅读这本书的时候能够感受到叶藏对整个社会的无奈与绝望，体悟到叶藏用一种不抵制的方式来进行反叛。

太宰治所创作的《人间失格》一书的内容描写中并没有用具体的语言文字来表达主人公叶藏对自己所处社会的不满，相反，叶藏一直都试图与自己所处的社会和平相处，这从叶藏孩童时期就学会了利用周围人的心理来讨好大家就可以看出。但正是因为叶藏这种小心翼翼的、不反抗的、近乎病态的态度让读者在阅读的时候能够很自然地感受到叶藏所处社会环境的压抑与恶劣。太宰治对叶藏的朋友堀木的描写则是揭露了人性的所有自私和阴暗面，通过堀木与叶藏的交往过程，读者可以看到那个时代人与人之间的不信任与冷漠。《人间失格》让人思考，我们现在生活的这个社会，人与人之间是否也存在同样的问题，只是表现出来的具体方式有所不同罢了？通过反思当下社会，反思我们作为一个社会人在与人交往中的矛盾与问题，然后寻找途径来改善我们与他人的相处。

## 四、精彩阅读

我曾看过那男人的三张照片。

第一张，该说是他幼年时代的相片吧，想必是在十岁前后拍下的。只见这个男孩子被众多的女人簇拥着（估计是他的姐妹，抑或堂姐妹吧），他站在庭院的水池畔，身穿粗条纹的裙裤，将脑袋向左倾斜了近三十度，脸上挂着煞是丑陋的笑容。丑陋？！殊不知，即使感觉迟钝的人（即对美和丑漠不关心的人）摆出一副无趣的表情，随口恭维一句"是个蛮可爱的男孩子哪"，听起来也不完全是空穴来风。的确，在那孩子的笑脸上，并不是就找不到人们常说的"可爱"的影子，但只要是接受过一丁点审美训练的人，也会在一瞥之间颇为不快地嘟哝道："哎呀，这孩子怪瘆人的！"甚至还会像掸落毛毛虫那样，把照片扔得远远的吧。

说真的，不知为什么，那孩子的笑脸越看越让人毛骨悚然。那原本就算不上一张笑脸。这男孩一点儿也没笑。其证据是，他攥紧了两只拳头站在那儿。

人是不可能攥紧拳头微笑的，唯有猴子才会那样。那分明是猴子，是猴子的笑脸。说到底，只是往脸上挤满了丑陋的皱纹而已。照片上的他，一副奇妙的神情，显得猥琐，让人恶心，谁见了都忍不住想说"这是一个皱巴巴的小老头"。迄今为止，我还从没看到过哪个孩子的表情有如此诡异。

第二张照片上的他，脸部发生了惊人的巨变。那是一副学生的打扮。尽管很难断定是高中时代，还是大学时代的照片，但已经出落为一个青年才俊。但同样让人觉得蹊跷的是，这张照片上的他竟没有半点那种活生生的人的感觉。他穿着学生服，从胸前的口袋处露出白色的手绢，交叉着双腿坐在藤椅上，并且脸上还挂着笑容。然而，这一次的笑容，不再是那种皱巴巴的猴子的笑，而是变成了颇为巧妙的微笑，但不知为何，总与人的笑容大相径庭，缺乏那种可以称之为鲜血的凝重或是生命的涩滞之类的充实感。那笑容不像鸟，而是像鸟的羽毛，轻飘飘的，恰似白纸一张。总之，感觉就是一种彻头彻尾的人工制品。说他"矫情"，说他"轻薄"，说他"女人气"都嫌不够，而说他"喜好刀尺"，就更是隔靴搔痒了。仔细打量的话，还会从这个英俊学生身上感受到某种近似于灵异怪诞的阴森氛围。迄今为止，我还从没有看到过如此怪异的英俊青年。

第三张照片是最为古怪的，简直无法判定他的年龄。头上已早生华发。那是在某个肮脏无比的房间一隅（照片上清晰可见，那房间的墙壁上有三处已经剥落），他把双手伸到小小的火盆上烤火，只是这一次他没有笑，脸上没有任何表情。他就那么坐着，把双手伸向火盆，俨然保持着这个姿势已经自然地死去了一般。这分明是一张弥漫着不祥气氛的照片。但奇怪的还不只这一点，照片把他的脸拍得比较大，使我得以仔细端详那张脸的结构。不光额头，还有额头上的皱纹，以及眉毛、眼睛、鼻子、嘴巴和下颏，全都平庸无奇。哎呀，这张脸岂止是毫无表情，甚至不能给人留下任何印象。它缺乏特征，比如说，一旦我看过照片后闭上双眼，那张脸便顷刻间被我忘在了九霄云外。尽管我能回忆起那房间的墙壁以及小小的火盆等，可对于那房间中主人公的印象，却一下子烟消云散，怎么也想不起来了。那是一张构不成画面的脸，甚至连漫画也画不成。睁开眼睛看过后，我甚至没有"哦，原来是这样一张脸啊，想起来了"这样的愉悦感。说得极端点，即使我睁开眼再次端详那张照片，也同样无法回忆起那张脸来，而只会变得越发抑郁焦躁，最后索性挪开视线了事。

即使是所谓的"死相"，也应该再多一些表情或是印象吧？或许把马首硬安在人的身体上，就是这种感觉吧。总之，那照片无缘无故地让看的人毛骨悚然，心生厌恶。迄今为止，我还从没见过像他这样诡异的脸。

——选自《人间失格》序

三月末的某个傍晚，"比目鱼"许是以外捞到了一笔赚钱的生意，或是有了什么新计策（也许我这两种推测都没有错，也可能还有很多我无法推测的琐碎缘由），破例把我叫到楼下那难得摆上酒席的餐桌旁，且桌上的生鱼片居然不是廉价的比目鱼，而是金枪鱼。就连款待我的这一位一家之主也对当晚的饭食赞赏有加，席间还向我这位发呆的食客劝酒。

"日后你究竟有何打算？"

我没有作答，从餐桌上的餐盘中夹起了小沙丁鱼片。望着那些小鱼银色的眼珠，我渐渐有了醉意，不由得怀念起四处游荡的日子，甚至怀念起堀木，越发渴望"自由"，以致想要轻声啜泣。

自从寄居于此，我连搞笑的气力也不再有，任自己暴露在"比目鱼"和那位小伙计蔑视的目光里。"比目鱼"似乎有意避免与我畅谈，我也无意跟在"比目鱼"身后向他诉说，我几乎只剩下一副躯壳，仅扮演一个食客的角色。

"缓期起诉似乎不会留下前科记录。所以只要你肯努力，就能重新开始。如果你愿意洗心革面，认真地把你的想法告诉我，我会帮你想办法的。"

"比目鱼"说话的方式，不，这世上每个人的说话方式都如此拐弯抹角、闪烁其词，如此不负责任，如此微妙复杂。他们总是徒劳地严加防范，无时无刻不费尽心机，这让我困惑不解，最终只得随波逐流，用搞笑的办法蒙混过关，抑或默默颔首，任凭对方行事，即采取败北者的消极态度。

如果当时"比目鱼"能开诚布公地和我谈，也许一切事情都可以圆满解决。"比目鱼"那多此一举的戒心，不，应该是世人那不可理喻的虚荣与逢迎，令我感到难以名状的压抑。

如果"比目鱼"当时这样说就好了：

"无论是公立学校还是私立学校，总之从四月起，你得去学校念书。你若去上学，家里就会给你更多的生活费。"

　　然而，很久以后我才明白，他要说的其实是这些。如果他当时直截了当地说清，我应该也会照他说的去做。可是，由于"比目鱼"过分谨慎、拐弯抹角，令这次谈话很不顺利，甚至完全改变了我的人生轨迹。

——选自《人间失格》第三手札 47~48 页


　　所谓"世人"，到底是什么？是人的复数吗？世人的实体究竟在哪里？一直以来，我茫然不知，只觉得世人应是强大、严厉又可怕的东西。但经堀木一说，"所谓的世人，不就是你吗？"这句话我呼之欲出，终归还是怕惹恼堀木，欲言又止。

　　不过，自那时起，我有了一种想法："所谓世人，不就是个人吗？"

　　认清世人无非是个人之后，我多少能够依照自己的意志行动了。借用静子的话，便是我变得有些任性，不再战战兢兢了。若是用堀木的话，便是我成了一个小气鬼。用茂子的话说，便是我不那么疼她了。

——选自《人间失格》第三手札 57~58 页


## 五、相关研究推荐

[1] 张婷 .《人间失格》——大庭叶藏的罪与罚 [J].Film Literature/ 电影文学，2016（3）.

[2] 陈潮涯 . 读太宰治的《人间失格》[J]. 文学教育，2010（8）.

[3] 任江辉 . 论日本无赖派作家太宰治的文学思想 [N]. 西南科技大学学报（哲学社会科学版），2012（6）.

[4] 彭朗 . 太宰治《人间失格》鉴赏 [J]. 戏剧之家，2017（5）.

# 《解密》

李 彤

# 一、图书基本信息

## （一）图书介绍

书名：《解密》

作者：麦家

开本：32 开

类别：侦探 / 悬疑 / 推理

字数：200 千字

定价：18.00 元

ISBN：9787020057764

出版社：人民文学出版社

出版时间：2006 年

## （二）作者简介

麦家，当代著名小说家、编剧，1964 年生于浙江富阳。1981 年考入军校，毕业于解放军工程技术学院无线电系和解放军艺术学院文学创作系。现任浙江省作家协会主席，是首位被英国"企鹅经典文库"收录作品的中国当代作家。作品有：长篇小说《解密》《暗算》《风声》《风语》《刀尖》；电视剧《暗算》《风语》《刀尖上行走》（编剧）；电影《风声》《听风者》等。

小说《暗算》获第七届茅盾文学奖。作品被译成 30 多种语言，其中《解密》英文版被收进英国"企鹅经典文库"，是继鲁迅、钱钟书、张爱玲后唯一入选该文库的中国作家。

麦家的小说具有奇异的想象力和独创性，人物内心幽暗神秘，故事传奇曲折，充满悬念，多被改为影视作品。由他编剧的电视剧《暗算》和根据他的小说改编的电影《风声》是掀起中国当代谍战影视狂潮的开山之作，影响巨大。

## 二、畅销盛况

《解密》出版后，在西方出版市场掀起了一阵"麦旋风"，不仅《解密》受到了西方主流媒体的强烈赞许，作者麦家也受到了极大的关注，被西方粉丝称为中国的"丹·布朗"。《纽约时报》《华尔街时报》《卫报》《金融时报》《每日电讯》《经济学人》及 BBC 电视台等在内的多家西方媒体开始不惜笔墨地对《解密》和麦家进行大篇幅集中报道，给予了很高的评价。《解密》英文版由美国的FSG 与英国的企鹅兰登两大出版集团联手出版，并在所有的英语国家同步出版上市。在其上市 1 个多月后，不断刷新中国文学作品在海外销售的榜单，一跃飙至亚马逊排行榜前列。目前，《解密》简体中文版本销量已经超过 100 万册，打破了中国文学作品只在国内畅销而国外鲜少有人问津的尴尬局面。

2014 年《解密》就售出了 31 个语种。而此前美国一家翻译公司列出的世界上被翻译最多的 50 部作品之一——《麦田里的守望者》也只有 30 个版本。截至 2014 年 7 月，《解密》已陆续与西班牙、法国、俄罗斯等 13 个国家的 17家出版社签约。《解密》在西班牙的影响力也令麦家感到吃惊——其西班牙版本由西语世界第一大出版集团行星出版集团（PLANETA）出版，并放入旗下经典品牌 DESTINO。在"解密热"的基础上，2014 年被称为"麦家年"。2016 年，《解密》电视剧版也在各大电视台热播。根据对全球 112 个国家和地区超过 2 万家图书馆的馆藏情况统计,麦家的《解密》以近 700 家图书馆的收藏量位居第一。

## 三、畅销攻略

### （一）把握题材，塑造品牌

"题材对路"是能否有机会进入国外主流出版市场的"敲门砖"。题材不对路的作品，大多是与国外文化差异过大，不能与国外读者产生文化共鸣。选题要适度迎合市场需求，了解国外市场需要什么题材的中国图书。例如，根据有关数据显示，日本出版市场主要关注历史、政治、汉语语言学 3 个领域的中国图书；德国读者对文学艺术、经济、旅游类图书感兴趣。讲好故事，找准讲故事的切入点，找到中华文化与西方文化的结合点，产生文化的共鸣点，[①] 是中国图书"走出去"并且"融进去"的关键。《解密》作为谍战小说题材，是一种世界性的题材，具有较大的吸引力，因此能够跨越文化的差异。

任何产品都需要品牌才能深入市场，图书也不例外。没有品牌是不可能"走出去"的。莫言荣获诺贝尔文学奖，其实也是《解密》成功的一个契机。莫言的获奖，文学图书成为输出的新兴力量，对于当下的中国作家来说，起到了激励的作用，对于中国文学作品"走出去"更是起到了推动作用。这在无形中塑造了中国文学作品的品牌，提高了中国文学作品的吸引力，也是《解密》能够获得成功的一个不可忽略的因素。只有拥有自己的品牌和话语权时，才有能力向世界展现一个真实的中国，才有机会消除外界对中国的误解、疑虑和偏见，[②]才能真正站在公正的角度看待、欣赏中国文学作品。

2014 年，麦家成为了世界文学市场上又一位备受瞩目的中国作家。在西语世界第一大出版社行星出版社的邀请下，麦家 2014 年远赴西班牙、墨西哥和阿根廷参加《解密》的宣传活动。当他到达阿根廷宣传时，行星出版社阿根廷分社的社长兴奋而激动地告诉他，《解密》销量已经跃居综合图书排行榜第二和文学排行榜第一。谈起《解密》的主要内容，麦家这样介绍道："我的作品《解密》其实写的是和斯诺登一样的人，斯诺登和我《解密》里的（主人公）容金珍从某种意义上说是一个硬币的两面，一个是选择背弃自己的国家，一个是极度维护国家，甚至最后为了国家的利益，他愿意选择牺牲，但是（两者）性质是一样的，都是在干窃听他人或他国这样一个秘密的工作。我觉得，可能斯诺登事件也让我这种题材引起了更多人的好奇和关心。"[③] 由此可见题材选择的重要性。

①② 范军 .2013—2014 中国出版业发展报告 [M]. 北京：中国书籍出版社，2014，225~226.
③ 颜观潮 . 麦家：西班牙语文学市场上一个崭新的"中国符号"[EB/OL].http://gb.cri.cn/42071/2014/07/25/6891s4629693.htm.

## （二）在拥有"厚实积淀"内容的基础上"讲故事"

优质的内容永远都是作品能够长久受到读者喜爱的根本原因。《解密》能够在西方出版界掀起风暴，是由于麦家在"受尽折磨"后却依然坚持的结果。相比于《暗算》和《风声》，《解密》被大众所熟知是比较晚的。但它是麦家的第一部小说。由于"题材敏感"，其稿件被退回过 17 次。2002 年，麦家四处奔波，最终找到了专家组对《解密》进行保密评审。经过 23 人专家组的保密评审，21 人判定《解密》不泄密，可以出版，此时，这部耗时 11 年的麦家心血才得以面世。麦家一直坚定地认为《解密》是一部非凡的作品，所以即使花费了 11 年他也没有放弃，努力让《解密》能够展现在读者的眼前。出版后的《解密》依然前进得很艰难。麦家从《解密》开始，到《暗算》《风声》都坚持写谍战小说，都非常受读者的欢迎，然而文学评论圈却对其作品评价始终不高。在对其作品到底是严肃文学还是类型文学，存在许多争议。并且麦家也被许多人诟病，认为他只会讲故事，他的作品不具有文学性。对于一名作家来说，他的作品被人认为不具有文学性，是一种巨大的打击。麦家以往的小说，例如《暗算》《风声》都已经被改编成电影或电视剧，且都获得了不错的成绩，有的已经被多次改编。但《解密》却一直无人问津。它被卖过 7 次，但是都没有卖出去。麦家自己认为，是《解密》的情节离影视比较远，不容易改编，因此才一直没有被改编。庆幸的是，2016 年，根据《解密》改编的同名电视剧终于得以播出，且受到了观众的一致好评。

《解密》历经 11 年才得以面世，其自身的积淀自然不用多说，更重要的是麦家更会"讲故事"。其可读性与文学色彩兼具的品质打破了中国文学作品一直以来"厚重的作品不好读，好读的作品缺乏品质"的现状。事实上，《解密》包含了一定的政治敏感性，这也是其多年来一直不能得以顺利出版的原因。但真正懂这部作品的人明白：它更专注于讲故事，而不是想要把读者的注意力转移到政治敏感性上。这部作品的主人公——容金珍，是有家族遗传和数学天赋的天才，"孤独""偏执"是贯穿其一生的标签。这个天才的命运与国家交织在一起，以破译顶端密码为快乐，在破解紫密后快破解黑密时，丢失了笔记本以致前功尽弃，精神失常。《解密》既描写了容金珍性格的悲剧，也暗指了他命运的悲壮。

其内容题材独创新颖，蕴含了丰富的中西方文化内容，跨越了文化障碍，因而让国外读者感受到了中国文学作品的魅力。

### （三）偶遇贵人：版权经纪人、翻译和编辑

每一本书都是合作的产物，出版产业链上的主角包括作者、经纪人、出版商、设计师，等等。版权经纪人，也称为版权代理人，连接作者和出版商。版权经纪人必须熟知出版的流程和与作者、出版商的沟通技巧，对于一本图书的成功"走出去"起到至关重要的作用。谭光磊是麦家作品的版权代理人，几年前，他看中了麦家作品，主动找到麦家要求成为其海外版权代理人。在遇到谭光磊之前，麦家对于版权代理一无所知，也不知道从何处下手推广自己的作品，正是这位专业性和知识性兼备的贵人加快了《解密》海外传播的脚步。

一般情况下，英文版本输出是最困难的，而《解密》的英文版却是最先"走出去"的。其中最重要的原因就是这部作品遇到了另一位贵人——米欧敏。她是一位英国人，在牛津大学取得古汉语博士学位后，受聘于韩国首尔大学教授中文。由于一次飞机晚点在机场书店读到麦家的《解密》，便萌生了翻译的念头。她翻译的部分章节后来被转到了英国企鹅出版社的编辑手中，引起了对方的浓厚兴趣。出版社很快找到了谭光磊，这种天上掉下来的好事，让谭光磊兴奋不已，所以很快签订了翻译和出版合同。[①] 英文是强势语言，中文经过翻译后，其原本的高语境文化很难被完美地表现出来，因此，想要使两种语言进行完整的语码转换非常不容易。国际译联副主席、中国翻译协会副会长黄友义曾在《人民日报》撰文指出："没有翻译，谈中国文化走出去，谈提高文化软实力就是句空话。翻译工作是一座桥梁，同时也是一道屏障。中国文化能走多远，很大程度上取决于翻译的效果。"[②]

在中国，版权代理和翻译是阻碍更多中国当代文学"蜚声海外"的两大因素。幸运的是，《解密》遇到了谭光磊和米欧敏，能够成功地与国际对接。谭光磊将其归结为一种"难以复制的幸运"[③]。在得到了幸运的译稿后，《解密》的版权

---

① 饶翔.中国文学：从"走出去"到"走进去"[N].光明日报，2014-04-30.

② 如何让世界了解中国文化：翻译是桥梁也可能是屏障[N].人民日报，2009-11-17.

③ 邵岭.中国当代文学，飞入海外百姓家？[N].文汇报，2014-12-30.

输出依然很艰难。一次，谭光磊的朋友将自己写的关于这部作品的英文简介寄给了英国企鹅出版社的编辑，这个编辑找来了著名的汉学家蓝诗玲审书，蓝诗玲对此赞不绝口，更幸运的是她是米欧敏的大学同学。蓝诗玲的好评最终促使《解密》成功输出了最难的英文版。

麦家说："作家和译者是亲人，翻译甚至可以说是（作家的）再生父母，因为我们的作品翻译过去，从某种意义上说，就是看翻译水平的高低。一个一流的作品如果碰到一个三流的翻译，你这个一流的作品就会变成一个三流的作品，我们看到的许多外国优秀的文学作品就是靠我国很多优秀的翻译家介绍进来，和中国作家建立了一种非常好的作家和读者的关系。"

### （四）作者在西语世界的影响力

2015 年 5 月，正在巴西、哥伦比亚、秘鲁、智利拉美四国访问的国务院总理李克强率团出席中拉人文交流研讨会。随同他出席这一研讨会的，还有铁凝、莫言、麦家 3 位知名作家。中拉人文交流研讨会为期两天，举办地选择在诺贝尔文学奖获得者加西亚·马尔克斯的故乡——哥伦比亚。哥伦比亚曾产生豪尔赫·伊萨克、加西亚·马尔克斯等在世界范围内影响巨大的作家，《玛丽娅》《百年孤独》《霍乱时期的爱情》等作品更是风靡全球。中国作家陈忠实、马原、苏童、格非、余华等都受到了拉美文学的影响，诺贝尔文学奖获得者莫言曾说："可以说，马尔克斯影响了我的人生走向。"相比之下，拉美的文化界对中国文学乃至中国却几乎一无所知。[①]

此次前往哥伦比亚交流的 3 位作家也堪称最具代表性的：铁凝是中国当代著名女作家，其代表作有《玫瑰门》《无雨之城》《大浴女》《哦，香雪》等，多次荣获国家级文学奖；莫言是中国首位荣获诺贝尔文学奖的作家；而麦家作为一个以谍战题材闻名的小说家是如何获此殊荣的呢？其实原因很简单，麦家的书在西语世界是畅销书。2014 年 6 月，西语世界最大的出版集团——西班牙行星集团——出版了麦家的代表作《解密》西文版，首印 3 万册，还给了麦家12.5% 的版权分成，这与欧美畅销书作家待遇无二。据介绍，《解密》在阿根廷

① 黄锐.中国和拉丁美洲人文界人士今起首次面对面交流 [N].北京青年报，2015-05-21.

更是登上畅销书榜首，上市两个月就告售罄，墨西哥也在加印第二版。而这本书也正是麦家向自己的文学偶像博尔赫斯的致敬之作。麦家在一次发布会上说："我曾暗下决心要用博尔赫斯写短篇小说的写法写一部长篇小说，结果我一写就写了 11 年。虽然 11 年过于漫长，但是最后我还是完成了这部作品，这就是今天大家看到的《解密》。"[①] 正是麦家的努力、麦家的坚持，才造就了他的现在，扩大了他的影响力。

### （五）足够的推介力度

中国的文学作品在向国外推介方面一直是弱项，且翻译水平较低。一些国外的汉学家都承认，由于翻译的原因，国外的读者对中国文学特别是当代中国文学的认识十分有限。[②] 各大书展是一个很好的平台，努力展示图书优秀的一面，对于版权输出能够起到非常大的推动作用。《解密》在版权输出时，曾在伦敦书展上做过推广，出版社充分利用了国际影展、国际书展、版权贸易等途径，加强推介力度，从而为此书走向世界打下了坚实的基础。

充分认识到自己的作品在西语世界的影响力。麦家在推广《解密》时重点强调阿根廷、西班牙等国家，举办了各个国家的巡回读者见面会。《解密》的德语翻译白嘉琳女士和麦家演双簧：在麦家谈《解密》的时候，这位探戈舞星兼中国文学翻译家向德语区读者"解密"麦家的《解密》——即怎样优质地翻译中国当代文学，每一场活动都座无虚席，参加的人数也远超预留的位置。清楚地认识作品的市场定位，扬长避短，善于利用文化交流的重要平台，抓住机遇，才是促使这部作品获得成功的最有效方法。

### （六）具有设计感的图书装帧

书籍设计是一种整体视觉传达的活动。封面不仅能够保护书芯，还是最好的促销宣传手段。2014 年，《解密》被相继翻译成了 21 种语言，并在 29 个国家出版发售，在世界范围内刮起了一阵"麦旋风"。在这些版本中，有几个版本的封面尤为惊艳，读者能够从中直观感受到外国设计师对于《解密》这本书的

---

① 　黄锐 . 中国和拉丁美洲人文界人士今起首次面对面交流 [N]. 北京青年报，2015-05-21.

② 　周凡恺 . 中国作协加大向国外推介作品力度 [N]. 天津日报，2006-02-25.

独特视角，每张封面都是一个故事。①

### 1. 中文版《解密》

中文版《解密》的设计与麦家之前的作品《暗算》《风声》等封面设计的风格基本一致，这也恰好代表了麦家作品的风格。图书的封面以黑色为底色，同时覆盖了大篇幅的迷宫样式的图案。迷宫的含义为：充满复杂的通道，很难找到从其内部到达入口或从入口到达中心的道路，难以辨认，人进去后不容易出来。人但凡走进了迷宫，就会想方设法地寻找出口走出来，比喻复杂艰深的问题或难以捉摸的局面。而本书的主人公容金珍被郑当发现后进入 701 接触到紫密直至最后的黑密，也如同走进了迷宫一般，就算历经艰难险阻也要想方设法解开它，无法回头。

《解密》还选用了护封。护封是为了宣传而设计的。《解密》的护封文字为名人推荐语、获得成就及摘录文字，字号较大，宣传作用明显。

### 2. 波兰语版《解密》

波兰语版《解密》背景图案里的字选取自行书《千字文》,中国红的字体颜色，题目下的波兰文出自美国《新共和》："作为一个纵行于密码世界、并深谙最高机密的谍战小说家，麦家被称为中国的丹·布朗。"波兰设计师在设计中简洁明了地突出了"神秘""中国""谍战"这几个宣传点，对于中国元素的掌控可谓精准。这个设计里还有一个有意思的细节，背景里的《千字文》其实是不连续的，忽而"宇宙洪荒"，忽而"秋收冬藏"，这些删改应是设计师对于字体造型美的考量，让波兰读者更好地感受到中文之美。

### 3. 西班牙语版《解密》

同样选用中国设计元素的封面还有西班牙语版的《解密》，其封面由暗红及黑色填充，凄冷的架子上只有一个六面骰子。骰子是古代中国民间娱乐用来投掷的博具，且骰子本身就代表了六个数字，常用于各种数学游戏，契合了图书的主题，再加上阴郁的气氛，《解密》情节中时常弥漫着的幽暗氛围也就呼之欲出了。

### 4. 英国企鹅版《解密》

英国企鹅出版社版本的《解密》，封面非常简洁。一根即将断裂的绳子，就

---

① 日出而醒.《解密》海外各国设计封面赏析 [EB/OL].http://bbs.tianya.cn/post-444-42965-1.shtml.

是整个封面的主要内容。绷得再紧一点，绳子就会断裂，营造出了一种"命悬一线"的紧迫感。这版封面的设计没有重点体现"谍战"的形象，而是重点关注了谍战小说的紧张氛围，非常有特色。

### 5. 塞尔维亚版《解密》

在这些特色的封面中，出现了最为炫酷的封面设计——塞尔维亚版本的《解密》。封面背景是站在错综纷乱的数字密码里一个非常帅的好莱坞特工形象，虽然和《解密》中的特工形象相去甚远，但以欧洲人更为理解的方式传递出了本书中所写的职业，也是很有创意的。标题《Sifra Solomon》并非是直译为《解密》，而是译为了《所罗门密码》，扑面而来一股好莱坞大片风格。

## 四、精彩阅读

容金珍就是在那个漫长的雨夜中走出失踪的第一步的。谁也不知道容金珍是什么时候离开房间的，是前半夜？还是后半夜？是在雨中，还是雨后？但是，谁都知道，容金珍就是从此再也不回来了，好像一只鸟永远飞出了巢穴，又如一颗陨落的星永远脱离了轨道。

容金珍失踪，使案子变得更加复杂黑暗，也许是黎明前的黑暗。有人指出，容金珍失踪会不会是笔记本事件的一个继续，是一个行动的两个步骤。这样的话，小偷的身份就变得更为神秘而有敌意。不过，更多人相信，容金珍失踪是由于绝望，是由于不可忍受的恐怖和痛苦。大家知道，密码是容金珍的生命，而笔记本又是他生命的生命，现在找到笔记本的希望已经越来越小，而且即使找到也可能被雨水模糊得一文不值，这时候他想不开，然后自寻短见，似乎不是不可能的。

以后的事情似乎证实了人们的疑虑。一天下午，有人在 B 市向东十几公里的河边（附近有家炼油厂）拣回一只皮鞋。瓦西里一眼认出这是容金珍的皮鞋，因为皮鞋张着一张大大的嘴，那是容金珍疲惫的脚在奔波中踢打出来的。

这时候，瓦西里已经愈来愈相信，他要面临的很可能是一种鸡飞蛋打的现实，他以忧郁的理智预感到：笔记本也许会找不到，但他们有可能找到一具容金珍的尸体，尸体也许会从污浊的河水中漂浮出来。

要真是这样，瓦西里想，真不如当初把他带回去，事情在容金珍头上似乎总是只有见坏的邪门。

"我操你个狗日的！"

他把手上的皮鞋狠狠远掷，仿佛是要将一种倒霉蛋的岁月狠狠远掷。

这是案发后第 9 天的事情，笔记本依然杳无音讯，不禁使人失去信心，绝望的阴影开始盘踞在众人心头，并且正在不断深扎。因此，总部同意将侦破工作扩大乃至有所公开——以前一直是秘密的。

第二天，《B 市日报》以醒目的版面刊登一则《寻物启事》，并作广播。信中谎称失主为一名科研工作者，笔记本事关国家某项新技术的创造发明。

应该说，这是万不得已采取的一个冒险行动，因为小偷有可能因此而珍藏或销毁掉笔记本，从而使侦破工作陷入绝境。然而，令人难以置信的是，当天晚上 10 点 03 分，专案组专门留给小偷的那门绿色电话如警报般地鸣叫起来，3 只手同时扑过去，瓦西里以他素有的敏捷率先抓到了话筒：

"喂，这里是专案组，有话请讲。"

"……"

"喂，喂，你是哪里，有话请讲。"

"嘟，嘟，嘟……"

电话挂了。

瓦西里沮丧地放回话筒，感觉是跟一个影子碰了一下。

1 分钟后，电话又响。

瓦西里又抓起话筒，刚喂一声，就听到话筒里传来一个急匆匆的发抖的声音：

"笔、笔记本、在邮筒里……"

"在哪只邮筒，喂，是哪里的邮筒？"

"嘟，嘟，嘟……"

电话又挂了。

这个贼，这个可恨又有那么一点点可爱的贼，因为可以想象的慌张，来不及说清是哪只邮筒就见鬼似的扔了电话。然而，这已够了，非常够。B 市也许有几十上百只邮筒，但这又算得了什么？何况，运气总是接连着来的，瓦西里在他不经意打开的第一只邮筒里，就一下子发现——

在深夜的星光下，笔记本发着蓝幽幽的光，深沉得寂静有点怕人。然而那寂静几乎又是完美的、令人鼓舞的，仿佛是一片缩小了的凝固的海洋，又像是一块珍贵的蓝宝石！

笔记本基本完好，只是末尾有两页白纸被撕。

——选自《解密》第四篇 223~225 页

如果说破译紫密前，容金珍在我心目中的形象是模糊不清的，介于天才和疯子间摇摆不定，那么破译紫密后，这形象便变得清晰了，变得优美又可怕，就像一只静默的老虎。说实在的，我欣赏他，崇敬他，但从来不敢挨近他。说真的，虽然就年龄而言我是他兄长，就资格而言我是破译处元老，他刚到处里时，我是一处之长，可在心里我一直视他为兄长，什么事都愿意听他的。我越了解他，接近他，结果就越是成了他精神上的奴隶，跪倒在他脚下，还跪得无怨无悔的。

……

我前面说过，密码界不允许出现两个相似的心灵，相似的心灵是一堆垃圾。因此，密码界还有一条不成文的定规，简直是铁律：一个人只能制造或破译一部密码！因为制造或破译了一部密码的人，他的心灵已被他自己的过去吸住，那么这心灵也等于被抛弃了。由此，从原则上说，容金珍后来是不应该再去承担破译黑密任务的，因为他的心灵已属于紫密，若要再破黑密，除非他将心灵粉碎了重新再铸。

但是，对容金珍这人，我们似乎已经不相信现存的客观规律，而更相信他的天才了。换句话说，我们相信，将心灵粉碎重新再铸，这对容金珍来说不是不可能的。我们可以不相信自己，不相信客观规律，但无法不相信容金珍。他本身就是由我们众多平常的不相信组成的，我们不信的东西，到了他身上往往都变成了现实，活生生的现实。就这样，破译黑密的重任最终还是压在了他肩上。

——选自《解密》第五篇 248~251 页

然而，我跟容金珍不一样，对于我来说假简单只能使我害怕、绝望，这样等于替我堵住了一条路，堵住一条路后，另一条路自然也就容易伸展到我脚下。

所以,真简单——密锁可能放在皮夹内的想法一闪现,我就感到绝处逢生的快乐,感到仿佛有只手将我提拎到一扇门前,这扇门似乎一脚即可踹开!

……

是啊是啊,我很激动,想起这些,我总是非常激动,那是我一辈子最伟大、最神奇的时刻,我的一生正因有这个时刻,才有今天这坦然和宁静,甚至这长寿。

啊啊,那片刻的心情我从来都没有抓住过,所以回忆也是一片空白。我只记得当时我没有立刻上机去求证我的设想,一方面,也许是因为我怕我的设想被揭穿;另一方面,是由于我迷信深夜 3 点这个时辰。我听说人在深夜 3 点之后既有人的一面,又有鬼的一面,神气和灵气最充足,最适宜沉思和奇想。就这样,我在死气沉沉的办公室里像个囚犯似的反复踱着步,一边倾听着自己剧烈的心跳声,一边极力克制着自己强烈的冲动,一直熬到深夜 3 点,然后才扑到计算机上(就是总部首长送给容金珍的那台 40 万次计算机),开始求证我荒唐又荒唐的梦想和秘密又秘密的奇想。我不知道我具体演算了有多长时间,我只记得当我破掉黑密,疯狂地冲出山洞(那时候我们还在山洞里办公)跪倒在地上号啕着拜天拜地时,天还没亮透呢,还在黎明中呢。

哦,快吧,当然快,你不知道,黑密的密锁就在“皮夹”里!

啊,谁想得到,黑密根本没有上锁!

密锁是零!

是没有!

是什么也没有!

啊——啊——,我真不知该怎样跟你解释清这是怎么回事,我们还是打比方吧,比方说,黑密是一幢隐蔽在遥远的、无垠的天空中的房子,这房子有无数又无数道的门,所有的门都一模一样,都是锁着的,而真正能开启的只有一扇门,它混乱在无数又无数的永远无法启开又跟它一模一样的假门中。现在你想进入这屋,首先当然是要在无垠的宇宙中找到这幢隐匿的房子,然后则要在无数又无数道一模一样的假门中找到那扇唯一能启开的真门。找到这扇真门之后,你才可以去寻找那把能打开门锁的钥匙。当时容金珍就是这把开锁的钥匙还没有找到,而其他一切早在一年前他就全解决掉了,房子找到了,真门也找到了,就没找到那把开门的钥匙。

　　那么所谓找钥匙，我刚才说过，其实就是拿一把把的钥匙去试着捅锁眼。这一把把钥匙，都是破译者依据自己的智慧和想象磨制出来的，这把不行，换一把；又不行，再换一把；还不行，再换一把；又不行，再换一把。就这样，容金珍已经忙忙碌碌一年多，可想而知他已经换过多少把钥匙。说到这里，你应该想到，一个成功的破译家不但需要天才的智能，也需要天才的运气。因为从理论上说，一个天才破译家，他心中的无数又无数把钥匙中，必有一把是可以开启门锁的。问题是这把钥匙出现的时机，是一开始，还是中间，还是最后？这里面充满着巨大的偶然性。

　　这种偶然性危险得足以毁灭一切，也神奇得足以创造一切！

　　但是，对于我来说，这种偶然性所包藏的危险和运气都是不存在的，因为我心中并没有钥匙，我不能磨制那些钥匙，也就没有那种亿万中寻一的痛苦和幸运。这时，假如这扇门的确有一把锁锁牢着，那我的结果你可以想象，就是将永远进不了这门。可现在荒唐的是，这扇门表面上看像是锁着的，实际上却根本没上锁，仅仅是虚掩在那里，你只要用力一推，它就被推开了。黑密的密锁就是这样荒唐得令人不敢正视，不敢相信，就是在一切都明明地摆在我眼前时，我还不相信自己的眼睛，以为一切都是假的，都在梦中。

　　啊，魔鬼，这确实是魔鬼制造的密码！

　　魔鬼避开了天才容金珍的攻击，却遭到了我这个蛮师的迎头痛击。

　　然而，天知道，我知道，这一切都是容金珍创造的，他先用笔记本把我高举到遥远的天上，又通过灾难向我显示了黑密深藏的机密。也许，你会说这是无意的，然而世上哪一部密码不是在有意无意中被破译的？都是在有意无意间破译的，否则我们为什么说破译需要远在星辰外的运气，需要你的祖坟冒青烟？

　　的确，世上所有密码都是在有意无意之间被破译的！

　　哈哈，小伙子，你今天不就不经意地破掉了我的密码？不瞒你说，我跟你说的这些都是我的秘密，我的密码，我从来没有跟任何人说过。你一定在想，我为什么独独跟你说出我的秘密、我不光彩的老底？告诉你吧，因为我现在是个快 80 岁的老人了，随便到哪一天都可能死去，我不再需要生活在虚荣中……

——选自《解密》第五篇 276~279 页

## 五、相关研究推荐

[1]、[2] 范军 .2013—2014 中国出版业发展报告 [M]. 北京：中国书籍出版社，2014，225~226.

[3] 颜观潮 . 麦家：西班牙语文学市场上一个崭新的"中国符号" [EB/OL]. http://gb.cri.cn/42071/2014/07/25/6891s4629693.htm.

[4] 饶翔 . 中国文学：从"走出去"到"走进去" [N]. 光明日报，2014-04-30.

[5] 如何让世界了解中国文化：翻译是桥梁也可能是屏障 [N]. 人民日报，2009-11-17.

[6] 邵岭 . 中国当代文学，飞入海外百姓家？ [N]. 文汇报，2014-12-30.

[7]、[8] 黄锐 . 中国和拉丁美洲人文界人士今起首次面对面交流 [N]. 北京青年报，2015-05-21.

[9] 周凡恺 . 中国作协加大向国外推介作品力度 [N]. 天津日报，2006-02-25.

[10] 日出而醒 .《解密》海外各国设计封面赏析 [EB/OL]. http://bbs.tianya.cn/post-444-42965-1.shtml.

# 《人民的名义》

王洪涛

## 一、图书基本信息

### （一）图书介绍

书名：《人民的名义》

作者：周梅森

开本：32 开

页数：384

装帧：平装

定价：46.90 元

ISBN：9787530216194

出版时间：2017 年

出版社：北京十月文艺出版社

### （二）作者简介

周梅森，中国当代作家、编剧，1956 年 3 月 9 日出生于江苏省徐州市。中国作家协会主席团委员、江苏省作家协会副主席；中国作家协会第九届全国委员会委员。1963 年入江苏徐州贾汪新韩小学读书；1969 年起在徐州矿务局干部学校附中读书 4 年，后在徐州韩桥煤矿当矿工；1978 年在《新华日报》发表处女作《家庭新话》；1979 年到南京《青春》编辑部任编辑；1985 年任江苏省作家协会创作组专业作家。

主要作品有《人间正道》《中国制造》《绝对权力》《至高利益》《国家公诉》《我主沉浮》《人民的名义》等政治小说，这些小说均被其亲自改编成影视剧。其作品多次荣获国家图书奖、全国五个一工程奖、全国优秀畅销书奖、中国电视飞天奖、中国电视金鹰奖等。

## 二、畅销盛况

积蓄 8 年之功，6 易其稿，长篇小说《人民的名义》可以说是周梅森以"板凳坐得十年冷"的艺术定力精心打磨的力作。2017 年 1 至 3 月，《人民的名义》图书共发行 7 万册，呈平稳趋势；3 月末至 4 月初，图书发货量急剧上升，仅 4 月 1 日至 10 日，3 次加印达 50 万册。截至 4 月 10 日，《人民的名义》共销售 76 万多册。从网络平台获得的最新消息是，截至 4 月 9 日 24 时，三大电商共收订《人民的名义》一书 8 万多册，其中，当当网 46 727 册，京东 30 346 册，亚马逊 7 683 册。

《人民的名义》在出版过程中，先后得到了北京市委宣传部、北京市新闻出版广电局、北京出版集团等单位有关负责人的关心与支持，该书先后入选 2016 年度北京市文化精品工程重点项目，获得了北京市优秀长篇小说专项出版资金的资助。

近 420 万的百度指数，破亿的微信指数足见其热度，当然作为影视同期书，很大一部分销量是电视剧的热映带动起来的，但不得不说其销量确实让人为之震惊，数次脱销的情况极为罕见，称其为畅销盛况一点也不为过。

## 三、畅销攻略

### （一）恰到好处的时代背景

党的十八大以来，中国加大反腐力度，力度震撼四野。在十八届中央政治局常委与中外记者见面时，习近平总书记指出，我们党面临着许多严峻挑战，党内存在着许多亟待解决的问题。尤其是一些党员干部中发生的贪污腐败、脱离群众、形式主义、官僚主义等问题，必须下大气力解决。

2013 年年初，习近平总书记在十八届中纪委一次全会上明确提出了"老虎苍蝇一起打"的新理念，反腐新序幕从此揭开，力度空前的"反腐风暴"横扫全国。

十八大中共中央政治局第一次学习中，习近平指出：反对腐败、建设廉洁政治，保持党的肌体健康，始终是我们党一贯坚持的鲜明政治立场。党风廉政建设，是广大干部群众始终关注的重大政治问题。"物必先腐，而后虫生。"近年来，一些国家因长期积累的矛盾导致民怨载道、社会动荡、政权垮台，其中贪污腐败就是一个很重要的原因。大量事实告诉我们，腐败问题愈演愈烈，最终必然会亡党亡国！我们要警醒啊！近年来我们党内发生的严重违纪、违法案件，性质非常恶劣，政治影响极坏，令人触目惊心。各级党委要旗帜鲜明地反对腐败，更加科学有效地防治腐败，做到干部清正、政府清廉、政治清明，永葆共产党人清正廉洁的政治本色。各级领导干部特别是高级干部要自觉遵守廉政准则，既严于律己，又加强对亲属和身边工作人员的教育和约束，决不允许以权谋私，决不允许搞特权。对一切违反党纪国法的行为，都必须严惩不贷，绝不能手软。

用周梅森的话说，《人民的名义》就是"想做一个大中国的故事，从官场的高层到底层的弱势群体都有涉及，同时借人物、剧本把自己对中国十几年来巨大的社会思索量容纳进去"。周梅森是要把中国高压反腐这一时期的成果通过艺术的形式表现出来，《人民的名义》设计了3条线：第一条是检察官侯亮平的办案线索，把上层官场与基层百姓等社会各阶层群体贯通；第二条是政治生态、官场生态的清理重塑，沙瑞金到汉东省任省委书记，之后着手清理、重塑汉东省政治生态；第三条是以郑西坡为代表的包括获得陈岩石等老同志支持的下岗工人，生活在汉东官商勾结、腐败高发的环境下，他们的生存、挣扎与反抗。通过这3条线引发读者共鸣。

在高压反腐时期出现这么一部"现象级"作品，充分反映了人们对于反腐的关注，人们能够感受到反腐对自己的工作生活带来的变化，感受到中国反腐败的决心。党的十八大以来，不论什么人，不论其职务多高，只要触犯了党纪国法，都要受到严肃追究和严厉惩处。正国级的周永康，副国级的郭伯雄、徐才厚、令计划、苏荣等一大批"大老虎"相继落马，这与小说中的副国级贪腐人物"赵立春"有所切合；剧中的"汉大帮"和"秘书帮"也与现实中的"石油帮"

"秘书帮"类似，在党内搞小团队，互相明争暗斗。这些都是人们在生活中见到的，有所体会的现象，也是党所不能容忍的行为。十八大后的反腐风暴让人们看到了中国共产党反腐的决心，看到了对美好生活的希望。《人民的名义》直击人们内心，侧面反映党的反腐成果，与人民产生心灵上的共鸣。

### （二）作者的自身影响力

周梅森，江苏徐州人，1983 年发表第一部小说《沉沦的土地》，该作品是讲煤矿行业的故事。1994 年，周梅森回到家乡，在一个偶然的机会与市领导结识，并受邀当了一段时间挂职秘书。当时，徐州正在集资修建三环路，但老百姓对于修路的意义不大了解，因此民怨沸腾，还有人要告主要领导的状。这件事情触动到了周梅森，也让他有了写政治小说的想法。从第一部官场政治小说《人间正道》发表开始，他的《中国制造》《绝对权力》《至高利益》《国家公诉》《我主沉浮》等作品均曾描绘过暴风骤雨式的反腐倡廉斗争，为读者喜爱，被同行称道。周梅森曾这样评价自己的作品："我的文章一方面写在书里，一方面写在大地上，写在中国改革的大地上。"为了创作《人民的名义》，周梅森曾在各级检察机关的大力支持下，通过深入检察机关一线体验生活，亲自到监狱、反贪侦查指挥中心等地采访调查，获得了第一手写作素材。周梅森是极富个性，也富担当的当代作家，他的作品中有强烈的政治情怀、现实情怀、人民情怀。

周梅森在接受采访时说到，他在创作的过程中一直在思考一个问题：写政治小说真的能反腐吗？现实一次次地冲击着他，使得他对写政治小说越来越失望。但当他亲身卷入了一起股权官司的时候，他突然对中国的地方经济乱象有了深刻了解，对人性也有了更深刻认识，也燃起了他重新创作的动力。而这场股权官司也就走进了《人民的名义》，再加上中央的反腐成效越来越大，让一直静静观望的他有了信心，《人民的名义》就是在这样的背景下创作出来的。这部作品结合了作者的亲身经历与中央的反腐风暴，主题直击人们的内心深处。

### （三）《人民的名义》影视剧同期热映

《人民的名义》电视剧由李璐指导，周梅森编剧。该剧由陆毅、张丰毅、吴刚、许亚军、张志坚、柯蓝、胡静、张凯丽、赵子琪、白志迪、李建义、高亚麟、丁海峰、冯雷、李光复、张晞临等联袂主演，侯勇、沈晓海、侯天来、周浩东、刘伟等特别出演。开播第一天仅播了一集就全线登顶，所有收视排行第一，而第二天的第二集全国网收视率更高达 2.3，CSM52 城域收视率达 2.28。之后，收视率也屡次刷新收视榜纪录。

2017 年 4 月 26 日，第 49 集播出时（21 点 37 分），实时收视率破 8。截至 2017 年 5 月 3 日，该剧在网络平台播放次数已突破 210 亿次，刷新了 21 世纪省级卫视最高纪录，也创造了近 10 年国内电视剧史最高纪录。

如此高的收视率对于小说的销售起到了极大的促进作用，人们茶余饭后都会对剧中的"李达康""高玉良""祁同伟""侯亮平"等评论几句，"达康书记""育良书记""祁厅长"都是网友们津津乐道的称呼。

在《人民的名义》热播过程中也出现了一些小插曲，4 月 13 日 22 时左右，新浪微博中开始出现大量有关《人民的名义》全集相关链接。随即，该消息在微信、QQ 等平台瞬间扩散。根据中国版权协会版权监测中心发布的数据显示，在 4 月 13 日 22 时至次日 0 时左右，仅两个小时的时间里，该链接仅在新浪微博就被转发达 200 万次左右，加上其他平台的传播次数不下 300 万次。随后，湖南卫视联合 PPTV、金盾影视等《人民的名义》有关出品方，公开发布声明，表示要严厉打击侵权行为。

当然对于侵权行为是斥责的，但另一方面也反映出一些问题。有关出版方在湖南卫视以每晚两集的频率播出，这让很多观众大呼不过瘾，这也是泄露版本能够疯狂快速流传的一个因素。由于电视剧播出频率不符合很多观众的胃口，就有很多观众为了提前看到结局而去购买《人民的名义》的小说。

### （四）叙事的艺术

《人民的名义》小说以侯亮平在机场被无限期延误开始，心急如焚的他是赶飞机去 H 省抓捕丁义珍的。在焦急的等待中，他给 H 省检察院院长季昌明和反贪局局长陈海打电话，但是他们都是关机状态。这时周梅森描写了一段电视大荧屏上的气象图和窗外的天气状况，来凸显侯亮平的焦急，整个空间的描写都是笼罩在一种低沉、焦虑的境况中。紧接着周梅森描写了一段侯亮平的心理状态，作为 H 大学政法系毕业的他，老师、同学都遍布在 H 省官场，这让他对 H 省有一份格外的牵挂。各地反腐风暴愈演愈烈，H 省却异常平静，直到赵德汉的惊天大案牵扯到 H 省时，作为侦查处处长的侯亮平内心是矛盾的，他这一去肯定会搅乱 H 省官场的宁静。然后周梅森花了一些篇幅描写侯亮平回忆查处赵德汉时的情景。

从开头可以看出来，与电视剧相比，小说可以将人物塑造得更加立体化，从内到外都可以描写到，而且小说可以塑造出画面感来烘托主人公的内心情绪变化。与电视剧相比，小说的节奏更加紧凑一些，3 条线并进，没有多余的描写。电视剧中郑西坡的儿子郑胜利这条线一直被网友们有所诟病，觉得郑胜利总是特别突兀地就插进了主线的进程中，相比之下小说就没有对其进行多余的描写，节奏的把控更加精准一些。

小说中的人物让读者们对其定性不了，这也是周梅森的厉害之处，总会在网络上问李达康是好人还是坏人？赵东来跟李达康到底有没有什么深层关系？高玉良到底是不是正派市委书记？等等，人们对其人物的讨论在网上可以说是炸开了锅。可见周梅森对作品中人物的塑造水平多么精湛，不到结局谁都猜不到小说中的人物到底是好人还是坏人。小说中人物人性的复杂也是吸引读者的一大亮点，一部好的作品，真的不能单纯用好人、坏人去衡量。就拿小说中公安厅厅长祁同伟来说，他确实是一个目无法纪、毫无党性、贪婪腐败的人物，但是，他的遭遇、曾经的勇斗毒贩、曾经吃到的苦头又让人们对他产生了一丝怜悯。有网友说，祁同伟是最真实的一个角色。祁同伟出身寒门，能考上汉东大学政法系，在那个年代，应该是非常了不起的。但毕业后却跟同学们相差甚远，虽然曾在身中三颗子弹情况下与毒贩搏斗，但他依旧工作在偏远地区的政法机构，而同学们一个个都是在城市里的政法单位。他的自尊心很受打击，拼命想找回自己的尊严，拼命想拥有权力。这么一个反面角色让人们心生怜悯，可见周梅森对人性是多么了解，使读者跟人物的内心产生共鸣。有人说，对于祁同伟，第一个不忍心说他一句"活该"，第二个不忍心说一句"同情"。

## 四、精彩阅读

赵德汉摇起了头，道是实在记不清了。自打有了第一次，以后就再也收不住手了！他在这个位置上坐了四年，有钱就收，就像捡麦穗一样，总觉得在梦中似的，恍恍惚惚，满眼尽是金灿灿的麦穗啊……

侯亮平指着铁柜问：你有没有个大概数？这些钱是多少啊？

赵德汉说：这我记得，一共二亿三千九百五十五万四千六百块！

侯亮平拍了拍赵德汉肩膀，能精确到百位数，你记忆力真好。

赵德汉道：好记性不如烂笔头嘛。侯处长，我给你说呀，我喜欢记账，谁给我多少钱，啥时候、啥地方给的，每笔账都记得清清楚楚。

侯亮平眼睛一亮，马上追问：那账本呢？藏在啥地方了？

赵德汉迟疑一下，指了指天花板：主卧吊顶上边就是账本！

小韩迅速离去，不一会儿取回一摞包着塑料袋的账本来。

侯亮平翻看着账本，不由得惊叹：我的天哪，你是学会计的吧？

赵德汉带着哭腔道：不……不是，我是学采矿的，会计是自学的！

太专业了，你自学成才啊，老赵！真心话，我都想谢谢你了！

赵德汉可怜巴巴问：侯处长，那……那能算我坦白立功吧？

这得法院说。老赵，你是怎么走到这一步的？怎么这么贪呢？

——选自《人民的名义》章节一第 007 页

这时，天色渐暗，陆续来了一些人，大都是政法系统的干部。有省、市法院院长，有省公安厅和市公安局高级警官，还有省、市政法委的同志。祁同伟显然是这些人的头儿，引着侯亮平和大家一一握手。侯亮平当即生出一种怪怪的感觉：这帮政法干部难道就是人们传说中的"政法系"吗？自己今天参加了这个接风宴会，是不是就算入伙了？又想，怪不得高育良老师要回避呢，不回避还得了？！陈海是高育良的学生，应该算是政法系的，不知道过去是不是也常参加这种聚会。

客人到齐，高小琴让服务员上菜。菜肴以河鲜为主，看似平常，食材却是精心挑选的。白灼河虾的河虾是刚从银水河里捞上来的，红烧野兔的野兔是马石山猎人送来的，原汁原味，鲜美无比。最妙的是一道霸王别姬，用银水河的野生老鳖炖马石山的松林野鸡，配以滋补药材，一锅香浓绝伦的好汤，喝晕了满桌客人。

高小琴显然和大家都熟，招呼了这个招呼那个，乐呵呵地说：农家乐农家菜，就是要保持农家特色。各位吃好喝好，多提宝贵意见。虽然酒不太好，是二锅头，祁同伟和一干人等也没少喝。政法干部自有一种豪情豪气，是其他系统没法比的，侯亮平说是不喝也喝多了。晕晕乎乎之际，餐厅经理引着一位拿着京胡的琴师走了进来。

祁同伟拍了拍手：哎，哎，同志们，好戏开场了——《智斗》！

高小琴嗔怪道：斗啥呀？高书记今天没来，缺个参谋长！

祁同伟手向侯亮平一指：不有侯局长嘛，就侯局长的刁德一了！

侯亮平来不及推辞，高小琴便鼓起掌来：那好那好，来自中央的侯局长与民同乐。祁厅长，还是你的胡传魁，我的阿庆嫂。开始！

琴师拉起胡琴，一场好戏开场。应该说，三个人唱得都不错，尤其是高小琴，音质优美，字正腔圆，身段姿态楚楚动人。表情更好，那聪明伶俐，那柔中带刚，那不卑不亢，简直与阿庆嫂惟妙惟肖了。

一场《智斗》唱得风生水起，连琴师也放下京胡鼓起掌来。侯亮平对高小琴印象益发深刻了。回去的路上，心中不禁暗自感叹，这是怎样一个女人啊，和祁同伟以及这么多政法口高官纠缠在一起，甚至高老师也是她的座上宾，和她智斗恐怕真要下足一番戏外功夫呢！

——选自《人民的名义》章节十四第 110 页

老同学，你要想杀我，我现在肯定就躺在地上了。我知道，你的枪口抬高了一寸！既然这样，那么我们接着谈，谈陈海！祁同伟，别怪我逼你，换位思考一下，如果你是我，能容忍一个制造车祸暗算自己兄弟的家伙逃脱法网吗？在 H 省，你是公安厅厅长，陈海是反贪局局长，陈海一次次和你协同行动，你怎么就下得了手呢？我正和陈海通电话啊，和他约好，要向反贪总局领导作汇报，可你却先动手了……

祁同伟的声音响了起来：我并不想杀他，可我不能坐以待毙！

没错，所以你才要杀人灭口！可你毕竟是个有过光荣与梦想的人啊，你对自己作的孽就一点都不恐惧吗？你在梦中还敢再见陈海吗？

祁同伟嘶叫道：侯亮平，别说了，我会把命还给陈海的！

这时，雪越下越大了，侯亮平身上落满了白雪，几乎成了一个移动的雪人。他又向土屋前走了几步：老同学，既然你不想打死我，那就请跟我回家吧！哪怕死，也死在家里，我会给你送行的……

不，猴子，你别再靠近了，别逼我开枪！我告诉你，我不会接受别人的审判，我……我会审判我自己，你快离开，否则我让你陪葬！

侯亮平仍不管不顾地走着，边走边说：老同学，别忘了这是啥地方——这可是孤鹰岭啊，是你的光荣之地，是你的得救之地……

让侯亮平没想到的是，就在他即将跨过土屋门槛的那一瞬间，土屋的里间猛然响起了枪声！不好！侯亮平冲过去一看，祁同伟手握制式手枪，脑袋中弹，倒在血泊中，那张熟悉的面孔变得十分陌生……

——选自《人民的义义》章节四十九第 352~353 页

侯亮平摇头叹息：错了，高老师，您上人家的当了！谈明史谁谈得过吴老师？您的前妻吴慧芬老师才是明史专家啊！我猜想，现在您和高小凤只怕是宁愿谈论酸菜，也不会再谈论明史了吧？看在师生分儿上，我向您透露点信息，赵瑞龙开始交代问题了，为了套您他可是煞费苦心啊！就连你们的爱情也是精心安排的，还做了个策划案：高小凤必须和您讨论明朝皇帝与大臣们的对立时，晕倒在您怀里……

高育良脸上挂不住了，摆了摆手：好了好了，别往下说了！侯亮平，请你记住一个事实，我们结婚六年了，高小凤现在是你师母了！

侯亮平苦苦一笑：好，既然这是事实了，我尊重这个事实！

高育良阴沉着脸：看来你预习做得不错，下了一些功夫嘛！

那是！侯亮平看了看手表：哟，时间过得真快，得下课了吧？

高育良面无表情地收拾着办公桌上的杂物：好，那就下课吧！

侯亮平却不离开：下课前，我还有点话要说！高老师，其实您失算了！您以为和高小凤结了婚，就拿您没办法了？错了！您不和高小凤结婚，吕州的那套别墅和香港的两亿港币也许还可辩解，现在您怎么辩啊？十二年前，因为您的关系，您的现任妻子高小凤收受了赵瑞龙一套价值一千五百万元的别墅；六年前，香港一笔高达两亿港币的信托基金设立了，它是为您儿子和祁同伟的儿子设立的！是祁同伟的情妇、您大姨子的山水集团香港公司出的资，什么性质一目了然啊……

这时，那个事先预定的时间到了。高育良办公室的门准时被推开了，省纪委书记田国富引着中纪委的几个同志走了进来。

高育良啥都明白了：亮平，别说了，好吗？这回真下课了！

侯亮平和田国富交换了一个眼神，而后后退一步，恭敬地对着高育良鞠了一躬——高老师，今后不管在哪里，我都不会忘记昔日那个在法学上给我开过蒙的高老师，那个一身正气、热情洋溢的高老师！

高育良有些意外，略一迟疑，也还了学生一个深深的大躬：亮平同学，谢谢你！老师也不会忘记曾经有过你这样一位优秀的学生……

优秀学生看着自己的贪腐老师被带走了。带走时的高育良苍老而沮丧。看着高育良蹒跚离去的背影，侯亮平眼前又浮现出当年那个风度翩翩的高老师，那个高老师慷慨激昂，腔调手势满是家国情怀……

——选自《人民的名义》章节五十第 360~362 页

# 五、相关研究推荐

[1] 习近平在十八届中共中央政治局第一次集体学习时的讲话 [N]. 新华社，2012.

[2] 刘照普 . 专访《人民的名义》编剧周梅森 [J]. 中国经济周刊，2017.

[3] 刘慧 . 八年六易其稿 炼成反腐大局 [N]. 浙江日报，2017.

[4] 张涛甫 . 以媒介全景观看《人民的名义》[J]. 文汇报，2017.

[5] 贾梦雨，徐宁，东陈 . 踏入反腐纵深区，全网点击破 10 亿——《人民的名义》，"说实话"才会有共鸣 [N]. 新华日报，2017.

# "写给儿童的中国历史"（全 14 册）

王津

# 一、图书基本信息

## （一）图书介绍

书名："写给儿童的中国历史"（全 14 册）

作者：陈卫平

开本：16 开

字数：213 千字

定价：355.00 元

ISBN：9787510448317

出版社：新世界出版社

出版时间：2014 年

## （二）作者简介

陈卫平，台湾政治大学哲学系毕业，辅仁大学哲学研究所硕士。现任台湾天卫文化图书有限公司及小鲁文化事业股份有限公司发行人。自 1987 年海峡两岸开放交流以后，陈卫平致力于儿童文学领域的对话与切磋，1990 年曾率台湾儿童文学界访问团赴北京、天津进行座谈，近年来发起并推广"中、小学班级读书会"活动，以及"绘本阅读与欣赏"观念之普及运动，并参与讲评及讨论。

陈卫平是中国台湾地区一位学识渊博且很有魄力的出版人，是著名的小鲁出版社的创办者。在 20 世纪 80 年代创社之初，因痛感童书市场上此类书籍的匮乏，他埋首创作 3 年，集合了一批有共同理想的年轻人，有的抵押了屋子，有的掏出了所有的积蓄，没钱的则出力，就这样花了 3 年时间，终于写成了一套丛书——"写给儿童的中国历史"。这套书有 1 000 多页，每页他都写过十几遍，写完后还要找小朋友读，听过他们的意见才定稿。寻求插画时，困难重重，他终用诚心与坚持打动了中国台湾地区众多的著名画家。这套书获得了台湾消费者文教基金会优良儿童读物推荐。随后，又获台湾金鼎奖，第十届文津奖，至今畅销不辍；几经修订，成为今天我们见到的版本。

## 二、畅销盛况

"写给儿童的中国历史"是引进版图书，原版由台湾小鲁出版社于 1986 年 6 月出版，1987 年 3 月"写给儿童的中国历史"获"消基会"优良儿童读物推荐；1989 年 10 月"写给儿童的中国历史"获 1989 年度最佳儿童读物类金鼎奖，在中国台湾地区已经畅销 30 多年。"写给儿童的中国历史"由新世界出版社引入大陆，于 2014 年 2 月出版，2017 年 4 月已经是第 13 次印刷，在当当网上一度卖到脱销。2015 年"写给儿童的中国历史"获第十届"文津图书奖"。

据当当童书榜显示，"写给儿童的中国历史"2014 年位于榜单第 8 名；2015 年位于榜单第 4 名；2016 年位于榜单第 1 名；2017 年 2—6 月均位于榜首。

## 三、畅销攻略

本书以近百篇的精彩故事、上千幅的插画贯穿从上古至现代的中国历史，为儿童描绘出一个完整具体的历史轮廓，把儿童的生活经验与历史因果相结合，叙史故事化、新鲜的文字妙喻再加上写实精美的插画，足以唤起儿童对历史的兴趣；精彩有趣的故事不仅带给儿童想象与创造的空间，真实的历史更给儿童思考与判断的智慧，是一部让儿童认识自己、喜欢历史、见贤思齐的经典巨作。"写给儿童的中国历史"原版在中国台湾地区畅销 30 多年后，进入大陆后仍处于畅销状态。这一套颇为大气的、具有多元视角的儿童历史读本能畅销不衰，必定有多方面的因素，下面笔者就这些因素来分析。

## （一）环境趋势分析

培根说："读史使人明智，读诗使人灵秀，数学使人周密，科学使人深刻，伦理学使人庄重，逻辑修辞使人善辩，凡有所学，皆成性格。"这段话中首先提到的就是读史，因为它衍生的明智是优秀的根本！

### 1. 读历史的儿童有志向，读历史的家长不焦虑

越来越多的家长意识到，与其为儿童的每一分钟做精确的、却又少有呼吸时间的安排，倒不如留给儿童更多的时间去读书，让他们在书中寻找自我。更多的家长愿意和儿童们抽出一些时间来，站在生命的高处，仰望一下星空，畅想一番宇宙，谈一谈哲学话题，读一读历史书。历史是什么呢？其实就是一个坐标。当我们熟读历史之后，你会发现人类发展的所有规律；掌握了这个规律，也就自然找到了成功的秘密。

### 2. 读历史的儿童有格局，读历史的儿童有智慧

学习历史，可以把人类各时期所有的智慧结晶汲取到自己身上。很多在历史上作出杰出乃至伟大贡献的人都提及，从苏格拉底、柏拉图、亚里士多德，到西塞罗、昆体良、奥古斯丁，再到夸美纽斯、福禄贝尔、卢梭、杜威、蒙台梭利，乃至民国的夏丏尊、丰子恺、叶圣陶、朱自清、陈鹤琴、吕叔湘……历史最有意思的是，它只记录名垂青史的人，能够留下历史痕迹的人物和事件都是值得我们学习、借鉴的对象，也是我们有可能超越的肩头。

### 3. 读历史的儿童心灵高贵，读历史的儿童有内涵

陈卫平曾说，我从 3 岁的时候就瞧不起那些蝇营狗苟的小人，读历史的儿童才会有家国情怀。我们都知道肚里空空的人，头脑也产生不了什么东西，嘴巴里说不出什么东西，手里更是写不出什么东西。那么，对于儿童而言，自己的生活积累还没有那么多的情况下，多读读历史，就是非常好的文化营养。历史不仅可以帮助儿童能说善写，对他将来选择事业、说服他人、影响社会、影响世界都将起到至关重要的作用。

## （二）本套图书有明确的读者定位

中国的历史可追溯到远古时代，给一个儿童讲清楚上下五千年的文明，还

真不是一件容易的事情。没有哪一门功课像历史那样强调时间性，需要按时间顺序从古到今进行学习。那些距今久远的内容因为离现实生活太遥远，让儿童去理解几千年前、几百年前政治家们的治国思想和统治措施，的确是件比较头疼的事。

当然，阅读历史不是非要让我们知道哪一年发生了什么事，哪一位历史人物干了点啥，而是让我们学习古人的道德品质、智慧谋略；让历史的影响在儿童心中潜移默化、悄悄扎根，在掌握历史变迁脉络的同时，也能从多元的角度去获得做人处世的道理。这正是这套书的出发点，也是立足点。就像本套图书封底的文案所写："一个人的气质，决定他的格局，一个人的器识，决定他的成就,这也是我们坚持现代儿童要读中国历史的原因,孩子越早接触到先活的历史,对他一生的影响就越远。"

## （三）图书内容

### 1. 史学严谨的前提下，站在儿童读者角度斟酌语言、配图与版块

我们需要给儿童一本保证准确性又充满趣味的中国历史书。"写给儿童的中国历史"，既不同于课堂中那些难以激发儿童历史学习热情的枯燥刻板书籍，也不同于无法保证故事真实性的野史书，它是一套既不缺乏趣味又准确无误地给儿童读的中国历史书。"写给儿童的中国历史"共 14 册，全书分为 8 个重要历史时期，从盘古开天辟地的传说开始到民初中国，共 99 个单元，上千幅插画贯穿整套书，语言简洁，故事精练，画面精致，图文并茂。

写给儿童的历史书首先要站在儿童读者的角度来斟酌语言风格和认知接受程度。作者陈卫平是这样说的："要做到情志上的导引就要解决技术上的问题，第一个是考虑年龄层，用什么样的语言能使儿童更容易接受？这就要避免太多艰涩的术语。第二个是取材，选择哪些历史素材，儿童才能产生兴趣？比如讲经济学，'盐铁论'是很重要的，但是单纯去讲'盐铁论'，谁会有兴趣看呢？所以从取材开始就要把握一些写作上的想象空间,才有可能完成情志上的导引。"

"写给儿童的中国历史"将中国历史生动而系统化地呈现在儿童面前，让原本陌生的历史人物跃上舞台成为儿童的朋友，好像作者化身一位给儿童讲晚安故事的陪伴者。这套书是站在儿童的角度来撰写的，其亲切温和、生动趣味、

深入浅出的语言风格，与儿童读者对话的话语，使儿童倍感亲切；该书贯穿上下五千年，系统地为儿童构建了中华民族的历史框架，让儿童系统学历史；这套书以99个单元、上千幅插画串连上古至现代的中国历史，为儿童描绘一个完整具体的轮廓，将中国历史中原本僵硬的年代、人物、事件，做有生命且系统性地呈现；以朝代划分为背景，所有的情节都在朝代里面展开，搭建起儿童眼中的历史观；本书轻重得体的剪裁，站在儿童的立场看待历史，用儿童的语言与之对话。"开天辟地、女娲造人、炎黄子孙、夸父追日、仓颉造字、后羿射日、精卫填海、大逆不道、富丽堂皇、烽火戏诸侯、倾国倾城、管鲍之交、祸国殃民"等一个个成语故事，述说着事件和典故的来龙去脉，使儿童印象深刻，学习不用死记硬背。

与精彩、智慧的文字内容比起来，这套书的插画丝毫不逊色。"写给儿童的中国历史"丛书配置上千张彩图与珍贵的文物照片，插画部分来自美国《国家地理》杂志等知名来源的图片，部分还精选了著名的世界50幅名画作品，这些都是经过了严谨考据；本书还结合历史事件，配置了很多的原创插图，丰富了儿童的想象力。并且，本书作者和编辑者们请了堪称一流的画师，对各服饰、风俗、建筑等做了大量的考据，通过写实的画法，让儿童们身临其境，更直观地去了解历史鲜活、真切的面貌，更加丰富了儿童的美感体验。

这套书内容上不是注入式的理解，在内容板块设置上，设置了知识拓展小贴士板块和"说来听听"小板块，它的目的不是生硬地将观点导入儿童的思想中，而是引导儿童能通过阅读历史事实独立地去思考，包括从历史人物身上看到自己或者从历史典故中看到现实。一部好的历史读本不在给予答案，而在不断激发讨论，本书可以让父母读给子女听，其中，"说来听听"板块为父母和子女之间提供了交流讨论的桥梁。总之，这套书在取材、结构、叙述上都有鼓励读者发表观点的空间和留白，它在引导儿童自发地思索、评价历史，避免简单地背书、记书。本书还有个独特之处：书中有两篇序，一篇是写给父母亲看的，一篇是写给儿童们看的。在写给儿童的序里，告诉儿童为什么要读历史。

**2. 本书对儿童读者的四个引导**

（1）情意的导引

本书在情意的沉潜与内敛中担任着历史文化传承的重任，它必须是有趣的，无趣与学习是画不上等号的。历史文化的传承，当在情意的沉潜与内敛中完成，作者应站在客观者的立场上为儿童还原并展现真实的历史。作者跳出了传统型讲述历史史实的严肃庄重的风格，又不像讲述野史般改动历史事实，而是用其语言风格的生动、有趣和配图的活泼考究，使价值中立者传达历史时不再表情木讷，历史场景的画面重现也有助于儿童读者进入想象空间。这套书使那些由年代、人物、事件堆积出来的僵硬记载重新活出生命，产生了思考与情感的动力。

（2）系统的会通

"写给儿童的中国历史"为读者搭建起中华上下五千年的历史框架，并在众多繁杂的史实记录中摘取、串联起一些简洁又有因果相续的小故事，为读者展现一个系统而完整的中国历史。这样的串联叙事，重点突出的框架搭建工作，弥补了以往片段的人物故事的一些纰漏。比如商鞅、王安石、张居正、康有为这些人都想变法，为什么每个人下场不一？这些都不是单一故事能竟其功的，若阅读这本书就会发现他们的变法成功与否都与历史背景不可分割。在脉络叙事中，读者对一些历史事件会有意想不到的、更加深刻的认识。

（3）开放的理解

一部好的历史读本不在给予答案，而在不断激发讨论，无论在取材、结构、叙述上，都有鼓励读者发表观点的空间和留白。本书设置的"说来听听"板块就在适当的位置出现，基于当时的历史事件让读者发挥想象，对读者提出结合当下现状的一些看法，比如"把喜欢的东西让给别人，你曾有过这样的经验吗？说说你这样做的理由和感觉"。当孩子们从历史中得到的行为典范够丰沛时，自然便能用来检视现实生活中的所见所闻；反之亦能将积累的经验用来讨论、诠释历史，找出理据，这对构建儿童的"三观"与培养儿童独立思考的习惯都会产生重要的意义。

（4）人文的跃升

在童话世界的天真之外，还有历史世界的深厚可以陪他们走一段心智成长的历程。这本书在政治、艺术、文学、科技、军事、教育、学术记载方面都绽放异彩。多元叙述的观点，避免了局限于朝代更迭的单一视野。该书在汉族之外的诸多民族的生活、文化、习俗上多有着墨，自不同民族、不同国家互有杀伐，如今却又都称"中国"的吊诡中超拔出来的人文反省，点出人们对"国家""民族"

的迷思，进而体会文化的真实价值。

在儿童时期记忆力最好、学知识最快的时候，帮助他们弄清一些历史的关键脉络，将来无论是在人生经验的参照上、思考的逻辑训练上，以及全部生命情调的追求上，都会呈现出无与伦比的力度。

### （四）形式——装帧设计、印刷、增值服务

#### 1. 装帧设计符合儿童读者定位

本书每册均为 16 开本，便于文字和图片铺开展现，方便儿童阅读欣赏，不会因为太大而不好控制；封面带有勒口，展示了更多信息；封面纸张使用带有底纹的米色背景，每册都截取了三幅与内容配适的内页中的图片置于封面下方一字排开，中上方写有字号较大的书名和作者名，中间标注本册数和相应的内容提炼的小标题，重点突出无累赘感；封底也有几幅小的图片排列于上方，下方是绿色印刷标识与条形码、二维码，中间是几句文案；装帧设计总体来说大方简洁、重点突出，整体彩印色彩丰富，符合儿童审美。内文与配图的排版上几乎囊括了所有的排版方式，生动有趣的语言文字与色彩丰富的图片加之活泼的排版方式，为图书带来的是活泼、有趣、生动、跳跃感，有利于激发读者获取知识的热情。

#### 2. 印刷环保、材料考究

"写给儿童的中国历史"内页纸张全部使用铜版纸，纸张厚度适中，边缘处理到位，一般不会造成划伤手指的意外；每册书均采用胶装装订，没有异味，为儿童健康负责；封底印有"绿色印刷产品"标识，并注明本书已入选"北京市绿色印刷工程——优秀出版物绿色印刷示范项目"，这就说明按照国家环境标准，本书选用的是环保型纸张、油墨、胶水等原辅材料，生产过程注重节能减排，印刷出的图书符合人体健康要求。

#### 3. 增值服务

"本书简体中文版权为步印文化所有"，这是写在衬页上的一句话。列出的"步印童书馆官方微信""步印童书馆官方微博""步印童书馆 QQ 群"等链接，为读者提供了更多的增值服务。本套图书可以 14 本全册打包购买，也可以依据读者的兴趣点选择单册购买。在全套书盒中，夹着一张带有查询真伪的步骤单子，

上面展示了如何领取红包，如何获取作者福利等。打开微信链接会看到有作者的采访视频、作者回答读者问题的板块。这些随书附赠的增值服务，给了读者更好的消费体验。

### （五）本套图书的三种突出营销方式

#### 1. 口碑营销

"写给儿童的中国历史"原版图书获得了中国台湾地区消费者文教基金会优良儿童读物推荐，获 1989 年度最佳儿童读物类"金鼎奖"，在中国台湾地区畅销 30 多年，在这种畅销情形下，将它引进大陆本身就是一种强有力的营销方式。随着人们接受多元文化的开放程度逐渐提高，这套台湾作者以价值中立的立场编著的、以有趣的语言和丰富的配图写给儿童读者的图书，在引进祖国大陆后获得第十届"文津图书奖"，这种自带光环的营销方式也是同类图书不可比拟的，也就为它至今畅销不辍做了坚实的奠基。

#### 2. 依托电商平台

目前，以新华书店为首的图书线下市场渠道已经相对成熟和稳定，然而线上市场还在洗牌状态中。多数出版社在天猫平台开设自己的旗舰店，新世界出版社也不例外。天猫终端读者群的年龄相对偏小，尚未形成稳定的阅读偏好，购买者更多的是基于自身的实用需求而产生购买行为。尽管如此，出版社在天猫旗舰店通过主题活动和促销方式来增加销量，这对构建自身品牌和将自身定位明晰化均有帮助。

在当当、京东、亚马逊三家电商平台中，出版社选择在以图书电商起家的当当网上销售"写给儿童的中国历史"14 册的套装。本套图书出版以来，在当当童书榜的榜单上一直稳居前茅，依托当当做营销推广活动是属明智之举，并且有助于本套图书在当当童书榜中的地位之稳定。

#### 3. 依托新媒体的社群营销

随着微信等移动互联网平台的崛起，社群营销在图书销售与宣传上越来越被看重。现在家长和孩子们不单单是去书店来了解某本书，在新媒体时代有太多的渠道去知道、了解书——阅读类自媒体平台、父母自发的 QQ 群，还有微信、微博、知乎等分享平台，与这些平台的合作也成为了童书营销的重点。不同平台聚集着需求不同、品位不同的用户，社群营销越来越有针对性，给用户最需要也最喜爱的产品，应该成为产品生产商的本能。"写给儿童的中国历史"通过一些为儿童推荐图书的大V公众号发送软文，通过自媒体团购的渠道做预售和定下早期团购优惠价，在一些听书平台或公众号陆续发送为儿童讲故事的名人为图书内容录制的音频，比如，在"同书汇"平台由同同爸自2017年5月27日起陆续为大家朗读"写给儿童的中国历史"，收集读者的读后感继续为本套书做推广……不同于"打广告"，在这些平台上是以走心的形式为读者认真分享内容和对本书的感想及看法，真诚地与用户对话，分享一种双向沟通，达到分享的目的。所以说，只有以用户为中心，才能把分享的效率提高。

## 四、精彩阅读

翻开世界地图，你一定找得到太平洋，因为那是地球上最大的一片海洋，我们通常会把它涂上一大片蓝色。

在太平洋的西边，有一大块陆地，那叫作亚洲，是地球上最大的一块陆地洲，从它的中间算起，一直向东延伸到太平洋的那块大地上，有个国家叫中国。

地图上，目前中国的模样有点像只大公鸡，它的尾巴，也就是靠近西边的地区，是世界最高的高原和山脉，我们不妨把它画上青色的颜料。它的冠部和头颈，则是东北的茂密森林区，我们可以将它抹成深绿色。它的背部，靠近北方的地区，有大片沙漠和草原，我们涂上黄色似乎比较恰当。它的腹部，则是丘陵、田野、湖泊与河流，我们或许可以多用几种颜料丰富它。不过在稍北的地方，由西到东有条很长的河，它的名字叫黄河，你可别把它描绘成蓝绿色的河水呢，因为它的水色混浊如泥巴，是名副其实的黄河。在稍南方，由西到东有条更长的河，它的名字叫长江，果真是条很长很长的江。在中国这块辽阔的土地上，目前居住着十几亿人口，它是世界上人口最多的国家。

你能想象得出来，这么多的人，到底是从哪儿来的？他们的祖先又是谁呢？这问题很难回答，有人会告诉你说，人都是猴子变来的，中国人也不例外，你喜欢这样的答案吗？

一直到现在，没有谁能说得清楚，我们只能往上不断追问，猴子又是什么变来的？很久、很久，久到还没有猴子的时候，久到没有猫狗、没有恐龙出现在世界上的时候，久到嗯！甚至世界都还没出现。可是，任何故事总得有个开头才行吧！所以有人便想象，一定是有谁创造了"世界"，然后又创造了花草树木，创造了鸟兽鱼虫和人，然后才发生许多有关"人"的故事。

在从前，世界上每个民族多半都会有自己的神话与传说，例如，西方人可能会告诉你，这世界是上帝创造的，万能的上帝，花了六天时间来创造万物，第一天，创造了白天和夜晚；第二天，完成了天空；第三天，做了大地、海洋和草；第四天，让太阳、星星、月亮挂在天空；第五天，造出水族和飞禽；第六天，人类的祖先亚当和夏娃，以及别的动物出现了；第七天，世界上该有的都有了，上帝对自己的杰作感到很满足，于是就停下来休息了。

至于中国人过去又流传着什么看法呢？

从前中国人的老祖宗传说，一开始，天地是混在一块儿的，到处一片黑沉沉、混混沌沌的，宇宙好像是个大鸡蛋，而大鸡蛋的里面，睡了一个叫盘古的人，他睡呀、睡呀，也不知睡了多久，有一天，他忽然醒了过来，睁眼一看，四周黑暗混沌一片，什么也看不见。盘古生气了，他顺手摸到一把大斧头，用力一挥，就把这个大鸡蛋砍破了。只见一堆又轻又亮的东西，往上飘哇、飘哇，一直飘到很高、很高的地方，于是变成了天空。一些沉重无比的东西，则向下沉哪、沉哪，最后变成了大地。天地，就这样被盘古劈开了。天和地分开以后，盘古怕它们再合拢，回到黑暗和混沌，所以就用头顶着天，脚踏着地。天每天升高一丈，地每天增厚一丈，盘古也每天长高一丈，就像一根大柱子撑在天地中间。这巍峨的巨人孤独地站着，不知过了多少年，一直等到天地都稳固的时候，盘古才累得倒了下来。

盘古倒下之后，他的头变成了山脉，眼睛一只变成太阳，一只变成月亮，他的眼泪变成江河，呼吸化为阵阵和风，声音变成雷，目光成为闪电，头发化作树木和青草，身上的脂肪变成汪洋大海。他的生命和躯体，使这世界变得更为丰富，这位开天辟地的创造者，自己也成为天地的一部分。

这时候的世界还没有人出现。后来，有个名叫女娲的神，比照自己的模样，用黄土捏出一些小人儿。做一个，就让他活一个，不过女娲觉得捏泥人太慢、太麻烦，干脆拿出一条绳子，沾了泥水用力甩出去，泥水落下来之后，都变成了小人儿。

从此以后，天地间便有了人。女娲还用五彩石头，替天补好破掉露出来的窟窿；还用芦草烧成灰，堵住滔滔的洪水；还曾经杀过一只巨龟，砍下四只脚当柱子，把快要垮下来的天空撑住，并且斩除大黑龙，赶走许多吃人的怪兽、大鸟。在这之后，世界才渐渐适合人居住，人类的历史才有了开端。

这里有最早的人类始祖，他们是中国的亚当和夏娃，我们该为他们的出现、进步而喝彩。

神话故事很迷人，但有人怀疑它是不是真的。

可是那么久远以前的事情，又有谁能目睹真相呢？

答案是：当然没有！只不过是根据一些"证据"，慢慢推敲出来的。比方说，你在地上看到半截烟头便能推论出有人曾在这儿停留过，因为别的动物是不会抽烟的；烟头上还有点红印子，你或许可判断出那是一位女士，因为通常男人是不擦口红的。

有一种称作"考古学家"的人，专门喜欢找出古代人留下的"证据"，借着这些"证据"，拼凑出事情的真相。他们有点像侦探一样，任何蛛丝马迹也不放过，一根头发、一枚指纹、一个脚印，说不定都能让他们拼凑出完整的故事。考古学家在许多地方发现动物、昆虫、鱼类、鸟类、植物的"化石"，那是一种由于地球产生剧烈变化，比如，像火山爆发之类的事情，让滚烫的岩浆把那些植物、动物、昆虫一起吞噬、冷却、凝固，最后变成了像标本那样的东西。人们根据这些化石标本，测出它们当时存在的年代，便可推论出地球上依序出现的是些什么东西了。

最先出现的生命应该是植物，先是很小、很小，然后越长越多、越长越大。再是小昆虫，有的在水里，有的在陆地上。然后水里出现了鱼。

然后，出现了乌龟、青蛙，它们可以生活在水里，也可以在陆地上。

然后，有了恐龙——那种庞然大物，像座小山的家伙。

然后，又有了会飞的鸟、奔跑的牛、长着长毛的大象。

然后，身手灵活的猴子出现了。

最后，哈！终于有了我们人类。

于是今天的考古学家相信，在荒山野地、在幽暗的洞穴、在废墟里，一定还藏着许多远古人类的生活"证物"。他们经常不停地挖掘，哪怕是一块骨头、几粒炭屑、几片碎陶、几颗石头，都会让人兴奋得睡不着觉呢。因为那些毫不起眼的东西，正是远古时代遗留下来的证物。

考古学家在中国大陆云南一处荒凉的山坡上，曾经找到一些"老"骨头和"老"牙齿的化石，它们非常老，是老到足足有一百八十万年那么老的牙齿和骨头。考古学家发现，那是一位青年和一位姑娘的牙齿与骨头，并且根据骨头的结构判断，在他们活着的时候，已经能直起身体来走路了。你见过婴儿由爬行而站立、而蹒跚迈步的情形吗？那好像是一场精彩的表演，旁边的人都会为他喝彩呢。

远古时代的老祖先，其实和猿猴差不多，手脚不分地攀爬和奔跑，就连长相也没多大分别，可是后来经过千千万万年的改变，两腿居然站了起来，并且稳稳地大步向前奔跑。而腾出来的双手，则可以做更多的灵巧、进步的事了。我们似乎也该为那些最早的中国"直立人"而喝彩呢！此外，在这对"老"骨头旁边，还有一些粗糙的石器、烧烤过的炭屑和兽骨，说不定那时候他们已经知道利用天然火了呢！

时间一天一天过去，一年又一年地过去，一万年、两万年、十万年过去了，也不知道过了多少年，中国人的老祖先似乎才有了一丁点儿的进步。时间走到了六十万年前，一群住在今天北京南边附近，一个阴暗山洞里的直立人出现了。考古学家称他们是"北京猿人"，后来改称"北京人"。

考古学家在那个山洞里发现了他们的骨头，于是拼凑出来北京人的模样。北京人的额头扁扁的，所以脑容量一定很小，还不够聪明。他们的嘴巴像猴子般地向前拱着，背板厚实，身体一定很强壮。不过并不怎么高，男人大约只有一百六十二厘米，女人也只有一百一十厘米左右。当时的儿童，是不必上学的，因为没有学校、没有书本，连文字也没有。他们要学的，只是要怎么猎取食物。当时的大人，也不必去上班，除了忙着找吃的之外，他们什么事也不能做。森林和原野上，出没着凶猛的剑齿虎、雄壮的肿骨鹿、披毛犀牛、长毛象、洞熊，没有谁是好惹的。北京人要活下去，就成群结队在一起，共同想办法猎取动物，或者防止被野兽吞食。他们没有固定的家庭，没有固定的夫妻关系，就像猴群那样，一伙人、一伙人地住在一起。

在北京人居住的洞穴里,考古学家发现各种形状的石头,那是他们用来投掷、砍砸、刮削、切割、挖掘的工具，有了这些工具，代表人类已经进入伟大的石器时代。他们在生活、打猎上，远远超越了只会赤手空拳的猿猴。在洞穴里还发现了烧过的灰烬、烧裂的石头、烧熟的朴树籽、烤焦的兽骨和炭块，这证明了六十万年前的北京人已经可以围着火堆津津有味地啃咬香味四溢的兽肉了。

火解决了黑暗的问题、取暖的问题、熟食的问题、吓阻野兽侵袭的问题。我们觉得，后来的人类，无论是发明了飞上天空的飞机也好，潜入海底的舰艇也好，或是造出电脑也好，都不如"发现用火"这件事来得神奇、伟大。

## 五、相关研究推荐

[1] 本报记者. 决定童书畅销的 13 个基因 [N]. 中国出版传媒商报，2015-08-28.

[2] 李雅宁. 畅销童书"三化"渐成趋势 [N]. 中国图书商报，2007-08-03.

[3] 杨鹏. 畅销童书的生命线——从童书创作和出版的规律谈起 [J]. 出版广角，2017(5).

# 《小兔子睡不着》

殷欣

## 一、图书基本信息

### （一）图书介绍

书名：《小兔子睡不着》

作者：[瑞典] 卡尔-约翰·福森·埃林 / 著

　　　许美琳 / 绘

译者：艾玛

开本：16 开

字数：16 千字

定价：39.8 元

ISBN：9787508660011

出版社：中信出版集团股份有限公司

出版时间：2016 年

### （二）作者简介

卡尔-约翰·福森·埃林，大学时学习心理学与管理，曾在公司任职多年，NLP（神经语言程序学）训练师、作家、演说家、心理治疗师。《小兔子睡不着》是他根据心理学原理，为儿童量身定做，用 3 年时间创作出的"睡前催眠读物"。

作者希望在这个"小兔子"的故事里，心理学、睡前故事和许多美好的心愿可以融为一体，他真诚地希望"小兔子"的故事能帮孩子们安然入睡，也帮每个家庭找回生活的平衡。

## 二、畅销盛况

　　《小兔子睡不着》是由小中信策划出版的一本儿童睡前故事绘本，是由全球知名心理学家卡尔 - 约翰·福森·埃林针对儿童心理历时 3 年创作出的一本"睡前催眠读物"。它的原书名叫作 *The Rabbit Who Wants to Fall Asleep*。这本睡前绘本于 2010 年首次在瑞典出版，一经出版便好评如潮，被翻译为多种语言出版，现已售出 40 个国家的版权。它曾占据了丹麦畅销书排行榜 NO.1、英国少儿榜 NO.1、美国《纽约时报》畅销书排行榜 NO.1、瑞典少儿榜 NO.1、日本畅销书排行榜 NO.1、韩国畅销书排行榜 NO.1，成为各国父母交口称赞的"哄睡神器"。

　　众多权威媒体如《纽约时报》《卫报》《每日邮报》《柯克斯评论》《福布斯》等均对此书的哄睡效果进行了报道并作出联合推荐。下面节选了一些权威媒体对本书的精彩书评：

　　《小兔子睡不着》以心理学原理为基础，采用特殊形式的语言撰写。这本神奇的绘本能帮助忙碌而绝望的爸爸妈妈们安抚孩子们入睡，让孩子们学会放松和集中注意力的技巧，学会控制自己的念头，做好入睡的准备。

——《学校图书馆杂志》

　　全世界所有疲惫不堪的爸爸妈妈们啊，这就是你们期待已久的书！！！要是你家还没有这本书，赶紧去买一本。我敢说，自从有了它，我们家度过了这几个月以来都没有过的宁静睡前时光！

——《每日邮报》

　　不需要特殊的技巧，尽管这本书的语言模式比较特殊，但念起来就像正常的睡前故事一样简单！它能帮助你的孩子放松、入睡。

——英国《卫报》

　　对于千千万万被折磨到崩溃的父母来说，这本书简直就是天降福音——它让所有瞎闹腾的熊孩子分分钟安然入睡！这是一本催眠神书！

——法国《观点》周刊

　　多亏了这本书，从开始读它的第三天起，哄睡问题就成为了历史。对大人同样有效！

——《南德意志报》

　　而中文版《小兔子睡不着》一经首发就创造了单册绘本 100 天内突破 10 万册的销量，成为一款现象级产品，被家长们喻为育儿界的"哄睡神器"。该书经过千万读者的试用，大约 95% 以上的孩子都能在《小兔子睡不着》全书朗读结束前进入梦乡。甚至有读者反映，这本书比褪黑素都要有效。

# 三、畅销攻略

　　一本书成为畅销书，有多方面的原因，书的主题、内容或者形式编排都是重要的影响因素。但是，通过对市场上实际畅销书的研究分析，更多的影响因素已经不仅仅是书本身，外部因素逐渐成为引导畅销书潮流的主要因素：包括市场需求、时代背景以及思潮，而这些因素最终都是读者需求的缩影。回归到儿童绘本上来说，虽然同样要像一般畅销书一样考量书本身以及外部的因素影响，但是最主要的，还是对特殊读者群体——儿童的心理研究：一般来说，儿童由于心理尚未成熟，对于外部环境的融入以及理解未能像一般读者一样及时作出反应，他们的信息来源基本来自父母的教育以及同龄人的信息交流，同时抓住父母和儿童的心理，才能抓住儿童阅读需要的走向，所以时代背景以及思潮在儿童身上的影响远不如书本身的故事或主题设计大。儿童绘本的畅销攻略，需要将重点关注于书的选题立意、故事形象、编排形式、叙述节奏等，只有这样，才能牢牢抓住儿童的阅读需求，甚至于吸引进而改变儿童的阅读需求。

## （一）完备的前期策划助力绘本畅销

### 1. 明确的目标用户定位

相关调查表明，处于 3~6 岁幼儿的父母最关注亲子阅读。因为随着育儿知识的普及和发展，家长越来越重视幼儿的早期教育和心理关怀，一方面，与社会网络科技的发展、物质生活水平提高有关；另一方面，也与相关的科普宣传、社会氛围有关。中年群体对新事物的接受度较高，愿意花费金钱投入到亲子教育上，并且有一定的能力购买，同时，处于3~6岁这个年龄阶段的幼儿，已经具备基本的语言能力、认知能力和注意力，更期待接触新事物，更期待与家长展开亲子互动，而这就给亲子绘本一个极大的市场空间，《小兔子睡不着》就给了父母和孩子一个很好的沟通渠道。《小兔子睡不着》的目标对象就是0~6岁的儿童，针对0~6岁的儿童家长最关心也最易与儿童展开亲子互动这一特点，进行了深度发掘。

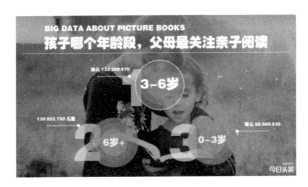

图1　处于3~6岁幼儿的父母最关注亲子阅读

### 2. 直指用户需求

相关亲子阅读大数据显示，在困扰家长的育儿问题中，首当其冲的是情绪管理，其次便是睡眠问题，在今日头条6 600万日活跃用户的阅读行为轨迹中发现，家长对于睡眠话题的搜索热度一直维持在较高水平。全面扫描育儿用户对于睡眠这个话题的相关兴趣发现，年龄在24~30岁的人群最为关心儿童睡眠问题，占72.15%，这个年龄段的新手妈妈也是最多。在与孩子睡眠相关的海量文章中，阅读量最高的一篇文章是《这2个黄金时段不睡觉，孩子再想长高就难了》，充分说明家长对孩子睡眠与成长之间关系的极大关注。[1] 关于睡眠问题的求助，在百度搜索上有1亿多条。这些数据表明，幼儿的睡眠问题确实成为困扰每个家庭的难题。《小兔子睡不着》一书的内容定位，完全对应了目标用户

---

① http://baby.qq.com/a/20170118/031134.htm.

的需求，填补了目前市场上关于儿童哄睡图书的空白性和单一性，帮助家长直接解决了幼儿哄睡难的问题。不同于普通睡前的阅读故事，《小兔子睡不着》一书从故事内容、遣词造句、角色设定、绘画风格上均有所钻研，旨在策略性地解决儿童睡眠问题，给予儿童人文关怀。

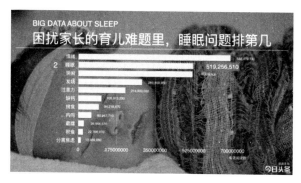

图 2　困扰家长的育儿问题

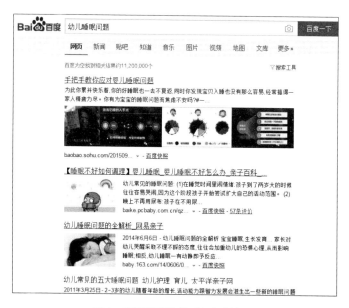

图 3　百度搜索幼儿睡眠问题条目

## （二）内容深度打磨，创造哄睡神话

### 1. 精巧的内容设计

《小兔子睡不着》由瑞典心理学家卡尔 - 约翰·福森·埃林经过 3 年时间精

心编写而成。它采用行之有效的心理学技巧，营造轻松而平静的睡眠氛围，帮助精力过剩的孩子缓解兴奋的情绪，进行深度放松，并获得长时间安睡所需要的安全感，从而让他们自然而然地进入深度睡眠。作者作为一名行为科学家，采用了多种复杂的心理学技术，字斟句酌地缔造了一种特殊的语言节奏、句式和故事逻辑，帮助神经系统处于高度兴奋状态的幼儿放下对当下世界的执着探索，身心放松地进入梦乡。中文版的《小兔子睡不着》每一句都是经过译者精雕细琢、反复修改后才确定出版的，力求达到忠于原文，并且满足原文哄睡效果的目的。整本书读下来，会发现本书不像其他故事一样，充满了跌宕起伏的情节，而是采用舒缓的节奏，一步步地将儿童带入睡眠。书中的句式经过精心设计、编排，比如，书中瞌睡蜗牛说："睡个好觉的秘诀是平静下来，让所有的动作都慢下来。慢慢走，要很慢很慢，慢慢移动，要很慢很慢，慢慢地思考，慢慢地、平静地吸气、呼气，慢下来，静下来，像现在这样，很慢很慢。"家长读起来，也会感到句子中那种温柔、舒缓的节奏，仿佛一只大手，将孩子哄入梦乡。

### 2. 结合心理学原理

《小兔子睡不着》书中有许多心理学的设计，例如，书中有许多动作的知识性词语，遇到 [ 动作 ] 标识的词语需要用相应的动作配合。遇到 [ 名字 ] 标识时，将它替换为自己孩子的名字。这样可以有效地将孩子带入情境。另外，本书还设计了一些结构特别的句子和词语，例如，"小兔罗拉继续沿着小路走，她要去找哈欠叔叔。她一直走，一直走，虽然她现在已经非常疲惫了。罗拉想起了瞌睡蜗牛告诉你们的话，要慢慢地走，保持平静，这样会越来越累。"它们都是通过心理学暗示，更好地帮助儿童进入睡眠。

作者通过有意义的语义重复，不断提醒儿童"很困、很累、放松、现在就去睡觉吧"，以及相应的动作暗示。每当读到小兔罗拉的名字时，家长们可一边打哈欠一边读罗 ~[ 哈欠 ] 拉 ~[ 哈欠 ]。包括罗拉的这个名字读起来口型和打哈欠类似。另外，文中还塑造一个又一个睡眠角色，如哈欠叔叔、瞌睡蜗牛、迷糊猫头鹰等，营造一种充满困意的氛围，帮助儿童放松进入冥想状态，安然入睡。

### 3. 塑造假想玩伴，陪同幼儿成长

作者根据幼儿的年龄特征为他们设计了一个假想玩伴——罗拉，并从一开

始就介绍了，"小兔罗拉既不比你大，也不比你小，你多大，她也多大，[名字]，罗拉刚好和你一样大。你喜欢做什么，她也喜欢做什么，她还和你一样，喜欢玩，她宁可玩上一晚上，也不想现在就去睡觉。"对于2~5岁的幼儿而言，拥有假想玩伴是正常发展的重要指标之一，这是他们应对外部环境变化而发展出的有效策略。英国伦敦大学教育学院的有关研究发现，拥有假想玩伴的幼儿更善于表达、更加自信，也更富有创造力。书中的罗拉就是这样一个角色，它可以陪着孩子一起进行睡眠的游戏，能够给幼儿带来睡前所需要的安全感，而且能将儿童带入故事情景，润物细无声地促进想象力和表达力的发展，帮助幼儿科学有效地进入睡眠。

### 4."书＋导读手册＋甜梦小兔子故事机"贴心的设计

《小兔子睡不着》"书＋导读手册＋甜梦小兔子故事机"为幼儿带来不一样的阅读体验和附加价值，也为深受孩子睡眠问题困扰的家长提供了一整套详尽的睡眠解决方案。

随书附赠了导读手册，导读手册是由北师大早教专家、儿研所医师精心编写的，专为年轻父母在育儿过程中遇到的问题进行针对性解答。导读手册总体分为四部分：第一部分，是由微信公众账号"凯叔讲故事"主讲人凯叔写给家长的"怎么读，孩子才愿意听？"告诉家长孩子为什么喜欢听故事，如何才能把故事讲得生动有趣；第二部分，是由北京师范大学学前教育研究所的李敏谊对本书从专业性的角度做出的评析，并对图书的使用给予了科学性的指导；第三部分，是关于孩子睡眠的常见问题的列举，由首都儿科研究所儿童保健科副主任张悦专家作出解答，解决新手爸妈面对儿童健康的多个问题；最后一部分，是关于本书的问答。这本册子虽然只有23页，但对于刚买到此书不知用法的家长，或者是年轻父母却是干货满满、大有帮助。

"甜梦小兔子"是一款智能玩具，它在毛绒玩具罗拉的肚子里装着一个小小的发声盒，里面有语言艺术家钱儿爸录制了完整的《小兔子睡不着》故事，它可以帮助劳累一天的父母减轻重复阅读的劳累，也可以通过绘声绘色的语调更好地展示故事场景，激发幼儿听故事的兴趣。另外，有真实的罗拉陪伴，幼儿会更加容易得到入睡前的平静和安全感，更加容易被带入睡眠世界。

### （三）精美的整体设计为儿童构筑了梦想的睡眠世界

绘本，通过图与文的密切配合，构筑了儿童的想象世界。整体设计，作为绘制这个想象世界的画笔，为儿童规划了更美好的空间蓝图。

#### 1. 外部装帧设计

《小兔子睡不着》考虑到适龄儿童的生理特点，采用大 16 开的开本。精装的方式可以使家长在为幼儿睡前阅读时更好地支撑和打开。这本书的封面是在寂静的夜空下，一只小兔子在张大嘴巴打哈欠，它穿着一身睡衣，睡衣上画着小兔子爱吃的胡萝卜。一看小兔子穿着的睡衣，就知道这是和睡觉有关。左上角一弯月亮挂在天空，看着小兔子。看到这个张大嘴巴的兔子，我就不由自主地打了一个哈欠。深蓝的夜空背景营造出一种幽深静谧的感觉，配合着打哈欠的小兔子罗拉，营造一种睡眠的氛围。封底是橙色的，上面有两只呼呼大睡的小兔子，橘色的封底配合着阅读时昏暗的灯光，呈现出一种温馨舒适的感觉，十分符合睡眠的场景。

#### 2. 内文版式设计

考虑到 3~8 岁的儿童正处生长发育的黄金时期，《小兔子睡不着》的版面排式较为舒朗。本书采用了单码面为文字叙述部分，双码面为相应配图图文布局，图文交替排列，将整篇故事充满节奏性和韵律感地联系起来。内文的字体设计是本书的一大特色，字体主要采用楷体和黑体两种字体，正文主要的叙述部分采用四号楷体，其他强调部分采用黑体。在前言部分，作者就告诉我们如何利用不同的字体设计来进行阅读，不同的字体和不同颜色的设计有不同的功能。棕色粗体的词或句子需要加重语气；橙色楷体的词或句子需要用舒缓平静的语气。楷体接近手写体，且风格相比其他字体更为轻松，更符合儿童阅读的视觉特点，宜作为大面积排列的正文字体；黑体鲜明而具有指示性，适合一些指示性、强调性部分；特殊颜色的字体有特殊的含义，需要家长在阅读时采用不同的语气。这样做的好处，首先是黑体与楷体在文字黑度、笔画粗线、线条方面均有强烈的对比，有效地区分了不同功能的文字，给予受众阅读指示。其次，颜色的变化过渡柔和，暖色调给予受众一种睡眠的心理暗示，配合着家中温馨的环境和家长柔声细语的讲述，儿童很快萌生睡意。而且这种颜色字体经过相关的编辑测试，即使在昏暗的环境下也可以清晰地阅读，在考虑易读性的基础上充分强调了文字的功能性。

### 3. 主角形象呆萌可爱

原文版的小兔子是一个较为细长的兔子，而中文版的小兔子经过许美琳的重新绘制，摇身一变成为了一个胖乎乎憨态可掬的兔子。因为一般情况下，中国绘本的卡通形象更偏重于饱满地表达，一般情况下会把可爱的形象画得较胖、较为圆润，呈现出一种呆萌可爱的感觉。而外国的绘本形象则是从真实的动物造型中提炼出来，运用夸张的手法，将兔子形象及性格特征强调出来。另外，中文版的《小兔子睡不着》相较于原版绘本整体配色也更加鲜明富有对比性，整体温暖和明

图4　原版《小兔子睡不着》

亮，重新绘制后的小兔子更加符合中国儿童的审美。

## （四）全景式营销打造现象级睡眠故事产品

### 1. 上市前预热营销打通用户群体

关于如何将幼儿哄睡，一直是育儿界的一大难题。在《小兔子睡不着》一书尚未上市前，根据今日头条的数据显示，在头条用户中，男性用户的数量远远超过女性用户的数量。但在关注亲子阅读的用户

图5　男女用户关注育儿问题的比例

中，女性占比92%，男性占比8%。究其原因，女性在家庭关系中承担更多儿童启蒙教育的作用，在亲子阅读中参与度更高。因此，针对目标用户的性别分布情况，小中信在多家母婴自媒体大号以及妈妈群寻求用户并拿出来1 000本

样书进行随机抽样,定期回收测评结果,最后由相关人员进行统计测评使用结果。这样的测评方式,一方面,在图书上市前通过测评确认图书预先设计的效果是否都达到预期,同时还可以在参与测评的妈妈用户中发掘之前尚未开发的使用功效,作为下一轮新的营销热点;另一方面,在图书上市之前引发大量的目标群体的关注,通过妈妈群中的口口相传,为图书的上市营造声势,将妈妈对本书的好奇心引发至极点,为图书的上市热销做好预热准备工作。

**2.利用多渠道合作营造销售热度**

首先小中信与"今日头条"合作发布了中国儿童睡眠大数据,通过数据发布的形式聚焦睡眠问题,引发目标读者关注。今日头条大数据是根据6亿装机用户、6 600万日活跃用户的阅读行为轨迹,全面扫描今日头条育儿用户对于睡眠这个话题的相关兴趣点,从而挖掘出人们最为关心的有关睡眠的大数据。今日头条巨大的日活跃用户量,为本书提供了广泛的用户基础以及广阔的推广市场,形成100万+的阅读量。

考虑到本书目标用户的定位,小中信出版社利用自身资源,与多方平台进行跨渠道合作。首先,小中信选择与母婴知识服务电商"小小包麻麻"合作,"小小包麻麻"有专注于母婴用品评测的微信公众号。截至2017年5月24日,"小小包麻麻"已坐拥500万粉丝,覆盖了700多万的妈妈群体,月均电商收入稳定在3 000多万元,"小小包麻麻"已与近30家出版机构建立了合作关系,2016年共销售童书40多种,"小小包麻麻"的销售总码洋达6 600万元。考虑到目标用户主要是初为人母的女性用户,其资讯获取和购买决策往往呈强相关,转化率颇高。因此,与相关的母婴平台合作可以达到良好的营销效果。

现今社会是数字时代,四面八方的信息占据了人们的感官,听觉是人类最重要的感觉之一,它不仅为人们交流知识、沟通感情所必需,而且使人们感知环境,产生安全感。幼儿正处于生长发育的黄金年龄时段,更需要对其进行听觉感官上的刺激,对小儿进行视觉和听觉的训练,有助于感觉之间的"接通",促进小儿感知觉的发展。小中信邀请了语言艺术家钱儿爸录制了完整的《小兔子睡不着》故事,并在Michael 钱儿频道、荔枝FM、喜马拉雅、网易云音乐等各大网络平台提供音频版哄睡故事,在不断扩展品牌的同时,为用户提供多层次的感官服务。

### 3. 主题式营销，激发受众体验

销售渠道的选择和营销方式能直接影响销售水平。小中信经过在市场上长期调查发现，西西弗书店的经营风格与《小兔子睡不着》有很高的契合度。西西弗书店擅长打造阅读的良好氛围以及体验，尤其在阅读环境上，西西弗更是追求一种温馨美好的风格。同时，西西弗有专门针对儿童的营销策略，它们推出了一套阅读方案：将0~12岁的儿童分为7个阅读阶段，推荐了每一个阶段的儿童适合阅读的书籍；为了阅读完可以有所收获，西西弗在书店设置了阅读体验空间，定期推出创意课堂，通过小朋友们互相分享交流阅读心得以及好的故事，达到高互动性以及高效的收获水平，从而提高了小朋友们的阅读质量，更增加了阅读兴趣。

所以，小中信选择西西弗无疑是最正确的：《小兔子睡不着》需要被开发，被推广，而西西弗在全国拥有70家门店，保证了推广的覆盖性；《小兔子睡不着》需要读者，西西弗的阅读体验空间需要好的作品，这两者结合，势必将在儿童绘本圈掀起新的阅读潮流。

在营销方法上，西西弗选择为《小兔子睡不着》布置一整面墙作为主题墙，墙上布满《小兔子睡不着》，这样的布置首先就能吸引住顾客的目光；同时，书店对"小兔子"主打的罗拉形象进行推广，包括主题会员卡、优惠券等，将小兔子罗拉这个"好朋友"带入人们心中；在书籍首发上市时，西西弗举办了特别活动，小中信邀请中央人民广播电台十佳栏目《睡前故事》主持人、《宝宝加油》节目总监董乐女士，专注家庭与亲子冲突、幼儿情绪研究的国家级认证儿童心理师郭俞杉（晴天妈妈）女士等育儿界专家，和前来的家长一起分析解答育儿问题；书籍上市后，西西弗每周选择一家书店，举办有关儿童睡眠以及书籍内容的讨论会，家长们可以分享《小兔子睡不着》的使用经验心得，并通过新媒体端发布活动报道，重点城市还邀请专家、名人现场助阵。

有了营销活动，就要保证活动参与者数量。西西弗特意选择春节前后两个月时间，这样的时间段，正值儿童寒假期间，书店的客流量也比往常有所增多。所以，活动有方案，同时能保证参与人数，这样的营销活动，大大提高了《小兔子睡不着》的知名度，销量也将持续增多。在西西弗和小中信的通力配合下，《小兔子睡不着》上市仅一周，销售就已经超过3 000本，而这才刚刚是开始。①

图 6　西西弗书店《小兔子睡不着》主题墙

图 7　西西弗书店《小兔子睡不着》陈列

## 四、精彩阅读

小兔罗拉既不比你大，也不比你小，你多大，她也多大，[名字]，罗拉刚

---

① 喻之晓，王馨可 . 如何在儿童绘本的红海中打造出一本现象级哄睡神书 [J]. 出版人杂志，2017（3）.

好和你一样大。你喜欢做什么，她也喜欢做什么，她还和你一样，喜欢玩，她宁可玩上一晚上，也不想现在就去睡觉。可是呀，罗拉的兄弟姐妹每天晚上都睡得可快了。每当兔妈妈把他们抱上床，他们一倒头，就呼呼地睡着了。只有罗拉不是这样。她躺在那里，呆呆地想呀想。除了现在就睡觉，她还能做点什么呢？比如，她可以这会儿就跑出去，去草地上玩玩，到处跑跑，跑得没有力气，没有一点力气再跑了……

罗拉喜欢在公园里荡秋千，她可以荡上一整天，直到在秋千上睡着。现在，罗拉坐在秋千上，秋千一会儿往前，一会儿往后，秋千一会儿往前，一会儿往后，

越来越慢，越来越慢……罗拉觉得身体好轻好轻，好舒服呀。

罗拉又把她能玩的游戏想了一遍，玩这些游戏可真累啊。罗拉想啊想啊，感觉越来越累。还没等妈妈说"快，罗拉，现在就睡觉去"，她就已经累得不行了。所有传入罗拉耳朵的声音都让罗拉和你 [ 名字 ] 觉得越来越累。她就要睡着了，可她不知道还要多久。现在，她真的就要睡着了。你看，你和她都越来越困。现在，你打瞌睡的样子浮现在她的眼前，伴随着每一次的呼吸，越来越清晰，越来越近。

就在这个晚上，罗拉的兄弟姐妹比往常更早地进入梦乡，只有罗拉还呆呆地躺在那里，想呀想。她真想现在就睡着啊。她躺在那里，想那些会让她现在就感到很累的事情，那些总是让她又累又困，累极了、困极了的事情，那些能让罗拉和你现在就觉得好累的事情——玩游戏啊，睡大觉啊，还有很多很多其他的事情。

可是都没用，小兔罗拉还得想点什么别的办法来让自己睡着。兔爸爸已经睡着了，兔妈妈还醒着，于是，罗拉和兔妈妈聊起天来。兔妈妈建议罗拉和你把盘旋在脑袋里的那些事情都拿出来，放在床头的盒子里。

明天一早起来，你的精神就可好了，所有的问题都会找到答案。"不过现在，先好好睡个觉。"兔妈妈用很坚定的语气说。

兔妈妈接着说："有时候需要慢慢想才能想出好主意，但是你一定能够找到盒子里所有问题的答案。"罗拉和你现在就照着兔妈妈说的做了。你把脑袋里的事情拿出来了，你感到放松、平静了许多，你就要呼呼大睡了。

接下来，兔妈妈建议你跟着他们一起去拜访住在牧场另一头的哈欠叔叔，他可是世界上最友善的魔法师。兔妈妈说："他一定有办法让你们睡个好觉。"

　　说做就做，你们马上出发去见能够让你们立刻睡个好觉的哈欠叔叔。小兔罗拉走出大门的时候，想起哈欠叔叔过去帮过她好多回。哈欠叔叔一用他的魔法咒语和魔法睡觉粉，罗拉和你马上就会呼呼大睡，百试不爽，这一次一定也会非常管用。

　　罗拉已经确信她会呼呼睡个好觉了，她对你说："[名字]，你想睡就睡吧，现在就可以睡了，不用等到听完这个故事。"因为她知道，在这个故事的结尾，你们俩都会快乐地呼呼大睡。

　　在去见哈欠叔叔的路上，你和罗拉越来越困，越来越困。你们沿着一条小路一直走下去，走下去，就可以走到哈欠叔叔家。这条小路，罗拉熟得不能再熟了，她已经走过好多回了。一直走下去，走下去，走下去……对了，就是这样，很好。

　　小兔子罗拉和兔妈妈走了一会儿。她们遇见了瞌睡蜗牛，他总是背着他的房子。

　　瞌睡蜗牛好奇地问道："你们这是要去哪啊？"

　　罗拉说："我要一直走下去，去拜访哈欠叔叔，因为他会帮我立刻睡个好觉。你又是怎么让自己睡着的呢？"

　　瞌睡蜗牛歇了一会儿，慢悠悠地说，睡个好觉的秘诀是平静下来，让所有的动作都慢下来。慢慢走，要很慢很慢，慢慢移动，要很慢很慢，慢慢地思考，慢慢地、平静地吸气，呼气，慢下来，静下来，像现在这样，很慢很慢。

　　"这对我来说总是很管用。"瞌睡蜗牛说。

　　"谢谢你，我会试试看。"小兔罗拉说。

　　瞌睡蜗牛热情地对你说："[名字]，你会在我们讲故事的时候睡着，没什么难的，现在，放松下来，让自己入睡吧。"

　　罗拉告别瞌睡蜗牛，继续走，一直走，向梦乡里走去。

　　"瞌睡蜗牛让我们把动作慢下来，这听起来是个好主意。"罗拉说。

　　她开始走得越来越慢，越来越慢，脚步也越来越小，越来越小。同时，她还开始慢慢地、深深地吸气，呼气，深深地吸一口气，再慢慢地吐出来，她感到越来越累，当所有的动作变慢了以后，她感到无比放松。

　　罗拉感到越来越累，她越放松，越平静，她和你就越觉得累，她越累，越放松，她和你就越觉得累，[打哈欠]，就是现在这样，对了。罗拉和兔妈妈继续沿着小路慢慢地、慢慢走下去，这条路一直走下去，就是哈欠叔叔的家了，他家就在牧场的另一头。没过一会儿，她们遇到了迷糊猫头鹰，这只美丽又充满智慧的猫头鹰正坐在路边的一根小树枝上。

"你好呀，迷糊猫头鹰。你是一只充满智慧的猫头鹰，我现在就想呼呼睡个好觉，你可以帮我吗？"罗拉问道。

"我当然可以帮你啦。我能让你现在就睡着。"迷糊猫头鹰回答，"甚至用不着听我说完，你就已经能听到自己呼呼大睡的声音了。放松下来，静下来，照我说的去做就行。现在可以好好睡一觉了。只要你放松下来，现在躺下。待会儿我想让你放松身体的每个部位。按照我说的去做，这很重要，放松下来。"

"迷糊猫头鹰最有智慧了，我要按照她说的去做。"罗拉想。

"放松你的双脚，[名字]。"按照迷糊猫头鹰说的，罗拉和你现在就放松了双脚。

"放松你的双腿，[名字]。"罗拉和你一起这样做了，现在就放松了双腿。

"放松你的上半身，[名字]。"罗拉和你一起这样做了，现在就放松了上半身。

"放松你的双臂，[名字]。放松下来，让它们像石头那样沉甸甸的。"罗拉和你都这样做了，现在就放松了双臂。

"现在，放松你的头，让你的眼皮越来越沉。[名字]，来，让它们好好放松。"罗拉和你现在非常非常放松了。你的眼皮越来越沉了，现在，你马上就要睡着了。

迷糊猫头鹰接着说："让你的整个身体都沉下来，沉下来，感觉它就要掉下去了。掉下去了，掉下去了，下去了，下去了……好像一片树叶，慢慢地落下来，落下来，落下来……慢慢地，慢慢地从树上落下来，跟着风飘啊飘啊，让它带着你落下来，慢慢地落到地上。慢慢地落下来，落下来，落下来。现在，你的眼皮越来越沉了。"

"感觉好极了。"罗拉说。她感到越来越累了，简直累极了，而你也累得几乎要睡着了。[打哈欠]保持平静，现在就静静地入睡吧。

小兔罗拉继续沿着小路走，她要去找哈欠叔叔。她一直走，一直走，虽然她现在已经非常疲惫了。罗拉想起了瞌睡蜗牛告诉你们的话，要慢慢地走，保持平静，这样会越来越累。

罗拉发现自己真的已经很累了，现在她只想躺下来，好好睡一觉。"但是，我不能躺在这里，现在就睡觉。"罗拉想，"另外，我还答应了妈妈我们要一直走下去，走到哈欠叔叔那再马上睡觉。"

又走了一会儿，罗拉和兔妈妈来到了哈欠叔叔的院子里。房子外面有块大大的牌子，上面写着："我可以让任何人都睡个好觉"。嗯，那是真的，你心里想。我已经感到很累了，现在就已经很累了，他的魔法咒语让我更困了，你这样想着。

她们来到哈欠叔叔的家门口，看到门上有一块小小的牌子，上面写着："如果准备好现在就呼呼大睡一觉，那就敲门吧。"罗拉觉得很累很累，她想，反正你现在就想呼呼大睡一觉。于是，她敲了敲门。

哈欠叔叔开了门，他很高兴看到你、罗拉和兔妈妈。

"欢迎你们，我的朋友们！"哈欠叔叔说，"我知道你们现在就想睡觉了，所以来让我帮个忙。"

"是的。"罗拉回答 [ 打哈欠 ]，"我们现在就想睡个好觉，[ 名字 ] 和我都想睡个好觉。"

哈欠叔叔搬出他那本又大又厚的书，书上有很多魔法咒语，它们能让兔子和人类睡个香香的觉，变得快乐、友善，感受到别人对自己的爱，感到自己是非常棒的。哈欠叔叔说："你也可以收获这些美好的感觉，现在就能。"他拿出神奇的、威力无比的隐形魔法睡觉粉，只要他把魔法睡觉粉撒到兔子和孩子们身上，他们就会很快入睡。

——节选自《小兔子睡不着》第 3~29 页

## 五、相关研究推荐

[1] 李长春 . 书籍与版式设计 [M]. 北京：中国轻工业出版社，2006.

[2] 张文红 . 畅销书理论与实践 [M]. 北京：中国传媒大学出版社，2011.

[3] 喻之晓，王馨可 . 如何在儿童绘本的红海中打造出一本现象级哄睡神书 [J]. 出版人杂志，2017（3）.

[4] http://baby.qq.com/a/20170118/031134.htm.

# "可怕的科学" 系列丛书

黄俏旻

## 一、图书基本信息

### （一）图书介绍

书名："可怕的科学"系列丛书（包括经典科学系列、科学新知系列、自然探秘系列、经典数学系列、体验课堂系列）

图 1 "可怕的科学"系列丛书

作者：[英]迈克尔·考克斯、[英]阿兰·麦克唐纳德等

科学总顾问：王渝生

开本：16 开

定价：全 63 册 1039 元

ISBN：9787530123799（可怕的科学·科学新知系列·神奇的互联网）

出版社：中国出版集团北京少年儿童出版社

出版时间：2004 年

## （二）作者简介

原著作者是在科学、数学、地理、人文等专业领域内具有卓越研究成果或丰富科普经验的人。

如系列作者之一的尼克·阿诺德和阿妮塔·加纳利均为英国著名科普书作家，泰瑞·德里则被誉为"英国最有影响力的历史学家"，他们都曾荣获2009年度汤姆森路透与伦敦动物学会（ZSL）联合颁发的"沟通动物学记录大奖"。另外的一些作者如代安娜·金普顿是一个经验丰富的童书作家，也为儿童电视节目写脚本，她出版的图书在英国和全世界范围内销售近100万册，并且被授权翻译成12种语言。

除了作者之外绘制插图的插画家对于图书而言也很重要，因为图书内容中插画的比重很大。而插画家们都有着丰富的经验，托尼·德·索雷斯就是其中比较有名的一个，他从小开始画画，在伦敦大学绘画系上过三年学，具备设计、广告、图标和图书装潢方面的背景。他不仅创作好玩、好看的作品，还经常成为英国一些重要奖项的评审。

版权引入国内之后，作为图书整体科学总顾问的王渝生教授，是中国著名的科学家、数学家和科学教育专家。曾荣获国家图书奖、全国优秀科技图书暨科学进步奖，被评为全国科普先进人物，荣获全国青少年社会教育"银杏奖"特别奖，并享受政府特殊津贴。作为中国科学院理学博士、教授、博士生导师，全国少工委委员，中国青少年科技辅导员协会副理事长，中国科协青少年教育工作委员会会员，《国家中长期科技发展规划纲要（2006—2020年）》战略研究"创新文化与科学普及"组组长，国务院颁布的《全民科学素质行动计划纲要（2006—2010—2020）》起草组成员等，一直致力于青少年科学普及工作。

# 二、畅销盛况

图书三度荣获国际科普图书最高奖——"安万特科学图书奖青少年奖"，这是由英国皇家学会颁发的世界最著名的科普图书大奖。史蒂芬·霍金的《果壳中的宇宙》也曾获过 2002 年安万特科学图书奖。

图书在英国本土销售已经超过 200 万套，全球热销千万册，版权销售至 25 个国家和地区。在中国国内，仅 2010 年和 2011 年二次宣传的两年间，平均销售就达到了 6 万套即 6 000 万码洋。图书还获得了亚马逊网的五星级评论，以及各地区名校、名师的特别推荐，可以说已经成为了少儿科普类图书的经典畅销之作。

## 三、畅销攻略

### （一）原著已形成品牌体系

品牌化是现今出版物市场的大势所趋，不论是图书、报纸还是期刊，建立属于自己的品牌都是迅速进入市场、占领份额的绝佳方法，也为之后的产品营销推广打下坚实的基础。

"可怕的科学"作为系列丛书，更需要品牌化的策划以达到整体销售效果的最大化。单行本势单力薄，很难吸引读者的注意，形成不了规模效益，而系列图书则不同，不仅可以使图书的内容更加丰富和充实，而且可以实现系列内部的相互带动。如果有的读者对系列中的某一本图书感兴趣，那么他就极有可能购买整个系列，甚至全套的图书，这对销售的拉动作用是极大的。

而在北京少年儿童出版社（简称为北少社，下同）引入版权之前，"可怕的科学"系列品牌在英国已经比较成功了，形成了一个完善的品牌形象。

### （二）名社加持

"可怕的科学"系列丛书最开始是由美国学者出版社英国分社策划出版的，该出版社因出版"哈利•波特"系列而闻名，因此，该出版社出版的新系列少儿科普图书原本就具有一定知名度。

国内版权引进方是中国出版集团北京少年儿童出版社，是国内数一数二的少年儿童出版社，出版了《少年科学画报》等一批优秀的少儿科普图书以及期刊，有丰富的少儿科普图书出版经验与营销经验，在这一领域上所占的市场份额和读者认可度都比较高。而且，因为在少儿科普领域上的耕耘，"北少社"拥有一批优质的少儿科普编辑以及作家资源，科学总顾问王渝生教授的加盟也为其内容质量的把关打下了坚实的基础。

"北少社"作为中国出版集团下属的专业社，背后有中国出版集团的雄厚支持，无论是在资金还是人力、物力上都有优势，而且在图书宣传上也更容易获得对外联络的支持，邀请外国作者配合宣传等都具备足够的能力。

因此，由"北少社"引进出版的"可怕的科学"系列图书能够更容易地获得大众的关注与信赖，从而成为畅销书。

### （三）准确的市场定位

国内的少儿科普图书市场，图书的形式一般都局限于长篇的文字叙述，有图文结合的少儿科普读物，也大多只是单纯的图片对文字进行附加说明，趣味性远远不够。在后期少儿科普图书的策划理念有了改变之后，科学漫画等一系列生动有趣形式的图书开始出版，因而"可怕的科学"同类书中也存在不少能对其造成威胁的读物。

面对这种情况，"北少社"突出了"可怕的科学"丛书的趣味性，定位在"最好玩儿的科学书"，通过在宣传中强调"比游戏过瘾，比卡通搞笑，比上网刺激""超过18岁的成人请勿阅读——因为他们太胆小！"等口号，以"可怕"这个风格把"可怕的科学"独立出来，与市场上其他的科普书拉开距离，从而勾起少儿读者的阅读和购买欲望。

少儿读者喜欢有趣的东西，也喜欢可怕的东西，把这两个要素结合起来的"可怕的科学"正是适合少儿读者的喜好，也能对其科学普及产生最佳效用的图书。"北少社"着重宣传了这一点。

### （四）内容与形式抓准少儿心理

#### 1. 别出心裁的品牌名称

品牌名称"可怕的科学"以"可怕"一词来逆向攻略少儿读者，与其他少儿科普读物反其道而行之，让人眼前一亮，不仅符合少儿读者活泼生动的语感，还能让其好奇图书中的科学到底"可怕"在哪里。

系列中各具体图书的名称也采取生动有趣、贴近少儿兴趣点的命名方法，《肚子里的恶心事》《显微镜下的怪物》等书名，用与众不同的方式来靠近科学，带点儿玩闹的意味，从而减低少儿读者的抗拒感。这些特点鲜明的图书名既切合"可怕的"科学这个整体主题风格，还妙趣横生，易于引发少儿读者的阅读兴趣。

### 2. 细分的主题内容

传统少儿科普图书往往在编排上是大而全的作风，但对少儿读者而言会是一种无言的负担，很多时候刚开始阅读就已经对那庞大的知识量感到疲倦。"可怕的科学"就把这庞大的科学知识进行了细分，每个子系列都是一个大分类，而每个系列里的每本书就聚焦一个主题，把这个主题做到位，做精、做有趣。这也是系列图书才能做到的事情。

该系列每本图书选择的主题都是少儿读者身边的科学事物，比如，《巧克力秘闻》讲的就是有关巧克力的一切事情，无论是其历史还是制作原理，抑或巧克力的各个品种，与它有关的奇怪的故事，都能在一本书里找到。不仅与少儿读者生活息息相关，而且还包含了他们所有可能会好奇的问题，细分了内容之后，"可怕的科学"把内容做得更好了。

### 3. 优质的内容设计

少年儿童的天性就是爱玩，喜欢一切新奇有趣的东西，如果让他们自己选择课余读物，那么选出来的绝对与老师或者家长选出来的读物大相径庭。课堂学习已经充满了压力，课余读物为什么还要成为第二教科书呢？可能因为如此，少年儿童对那些带有说教性质的少儿读物，尤其是科普读物会存在抗拒心理。只有真正地从少儿的角度思考问题，考虑他们的真实需求，才能生产出少儿真正需要并且乐于接受的内容。

"可怕的科学"系列图书了解孩子的心声，顺应孩子的天性，它利用孩子爱玩、爱有趣事物的心理设计内容，以趣味性来带出科学性，让孩子们不知不觉就在玩乐中学到知识。有了科学知识做基础，作者想尽办法搜寻相关科学史上一切可怕的故事并附上插图，在恐怖故事中使孩子印象深刻。对科学的探索以恐怖悬念、喜剧冒险的形式表现出来，以幽默搞笑的方式颠覆了说教式科普，在不知不觉间拉近了孩子与科学的距离。

内容的趣味性更多的是由其中的故事性来体现。比如，要讲关于互联网的诞生以及互联网的发展、互联网上发生的有趣的事情、未来的互联网会怎样等相关的一些知识，就把这些知识分成一个一个的小故事，通过文字和漫画交织的方式带有趣味地传递知识。图书内容充满信手拈来的故事与妙语趣谈，文图之间也配合得极为巧妙。以文字性的故事描述来传达科学性、知识性，并且串联起整本的内容。作者以互联网创造者的角度或以未来互联网使用者的角度给读者描述着相关的知识与技术。

在这些有趣的故事中间穿插的是有趣的漫画。对于年纪尚小的少儿读者而言，更多有趣的故事可能都比不上一幅漫画有趣、有吸引力。在图书的编排上把一部分既可以用文字也可以用漫画表现的内容以漫画的形式表现出来，调节了少儿读者的阅读节奏，也避免了他们会对阅读产生厌烦的感觉。而且，漫画上能表现出来的内容与细节有时候远比文字要多，这也给了少儿读者更直观的印象。这些有人物出现的漫画里，所隐含的故事情节更多地设计成符合少儿读者思维的有趣的内容，即如果少儿读者读到这个内容时，他们会联想到什么好玩的事情，以此为基础而设计，这样就使得内容更生动，且更有互动感。

语言则一律遵循少儿的阅读喜好，避免过多的书面用语，转而采用更生活化、口语化的语言风格。行文中也更多地采用对话或者自述的口吻，既活跃了气氛，凸显了趣味性，也能给少儿读者以亲切感。深入浅出的知识点描述，更符合少儿读者的语言体系，在行文中不断地借助括号添加打趣的内容，让人读来轻松愉快。

如讲到什么是直线阅读或连续阅读，它说"我是一个正常的人，当然会先翻到第1页，看完后再阅读第2、3、4、5、6页，直到最后一页（或者睡着了）"。而在另一个地方也有同样的设计，"教授们和刻苦的学生以及像菲利普一样的人都能很好地玩转互联网，可是大街上更多的是成千上万网盲（对，指的就是像你这样的人），他们……"

图 2  "可怕的科学"内页版式

这样的语言风格就跟平时有人给你讲故事的时候，中间打岔插进来一句的打趣，能给少儿读者一种舒服而有趣的阅读体验。

### 4. 夸张而显眼的整体装帧

封面设计采用各种鲜艳的背景色，配以夸张又显眼的漫画，十分吸引少儿读者的注意。除了占据封面一半以上的醒目书名之外，用真实清晰、画面幽默、色彩纷呈的插画结合全书主题来吸引少儿读者的注意。

比如，《杀人疾病全记录》的封面就是一双长满了水痘的腿，有点可怕但具有视觉冲击力，也与书名的"杀人疾病"相呼应，让少儿读者开始好奇到底有些什么疾病如此可怕，这些疾病又能不能治好。而另一本《力的惊险故事》的封面就是一只即将被鞋子踩到的惊慌逃跑的蜗牛,形象生动地诠释了一个"惊险"

的故事，而且夸张的动漫表现也会让少儿读者好奇发生的故事。在《墓室里的秘密》中，封面是那么诙谐幽默，到处画满了恐龙骨骼和缠满绷带的干尸，连书名都是用零散的骨头拼成的。

充满了童趣看点和奇怪人物形象的封面设计，不仅与"可怕的科学"总书名风格相符，而且更能吸引少儿读者的注意与阅读兴趣。而让他们翻开图书，对出版者而言就已经是成功了一半。

图3 "可怕的科学"系列丛书
《力的惊险故事》封面

### （五）素质教育的时代需求

近年来，中国整个大的图书市场在迅速发展，其中品种、数量增长最快的就是少儿图书。在少儿图书品种中，科普类读物占据重要的位置。这主要是因为素质教育的盛行，无论是家长还是少儿读者都需要更符合时代需求的少儿科普图书。

以少儿为本，强调儿童视角。儿童是起点，是中心，所以必须站在儿童的立场上，以儿童为出发点，设身处地地为儿童着想，以儿童的兴趣需要为中心。少儿科普图书应注重迎合孩子的内心和天性，充满童趣，不是强加给孩子知识，要以孩子的眼光和兴趣来讲述知识，引导孩子观察世界和认识世界，从而引发他们的思考，培养他们对科学的热爱。这样的少儿科普图书才是真正的少儿读者喜欢、家长也乐于购买的图书，也正因为"可怕的科学"是以少儿读者真正的需求进行选题策划与内容编写，所以符合了时代与读者的需求，才能够得到良好的销售状况。

### （六）接地气的营销活动

在初次引进的2004年到2009年间，"北少社"虽然对图书进行了营销宣传，但效果没有达到预期。2010 年进行再版宣传时，"北少社"调整了营销策略，使得图书一举成功地进入畅销书的行列。[①]

### 1. 出版节奏适合

"可怕的科学"一共有 5 个子系列：经典科学系列 18 本；科学新知系列 17 本；自然探秘系列 10 本；经典数学系列 12 本；体验课堂系列 4 本。每个子系列的本数都相对较多，而全套总 63 本图书就更是一个庞大的数量。

相比起一下子推出全套书，产生书店陈列位置有限、市场饱和难以一下消化的问题，"北少社"选择每个季度推出 20 本图书，分 3 个季度把全套图书推出。循序渐进的推出时间不仅给市场一个反应与消化的时间，而且还能通过前期推出的 20 本图书得到读者对后续图书的认可。

### 2. 营销地域重点突破

任何图书的营销都具有地域上的限制，即便是网上书店和宣传渠道发展的近些年，把营销宣传的范围定为全国的话难免力量过于分散，无法取得较好的营销效果。

"北少社"不以全国范围为主要营销目标，而挑选了北京、江苏、浙江、江西为重点地域，进行一系列的营销宣传活动，重点突破，以点带面。在把重点地域的营销宣传做好、图书销量稳步上升之后再逐渐把宣传范围逐渐辐射至全国。

### 3. 公关话题营销

借助 2010 年上海世博会的大好时机，把世博会主题"城市，让生活更美好"与"可怕的科学"宣传主题"科学低碳未来"完美地契合在一起，引发一波公关宣传。

邀请两位作者作为特邀嘉宾，参加集团公司"低碳决定未来，科学点亮人生——启动低碳补偿公益活动"。这是北京出版集团联合互动百科网、新浪网、北京科协、中国移动育儿天地手机报、高士其基金会举办的活动，旨在普及科普知识、面授科学技法、传播科学理念、启迪科学思想、弘扬科学精神、倡导低碳生活，全面提高青少年的科学素养。启动仪式结束后，中国出版集团代表

---

① 赵彤.《可怕的科学》两次营销的成与败 [J]. 出版发行研究，2012(5).

和部分学生以及志愿者代表骑自行车出行,身体力行,倡议人们低碳出行。这样的活动不仅把少儿科普的话题提到了一个新的高度,而且还能借助声势浩大的活动在各渠道中得到传播。

### 4. 与少儿读者进行充分互动

当代青少年的心理特点,一是求知欲旺盛,好奇心强,喜欢探索未知的事物;二是参与意识强烈,希望在参与过程中提高和锻炼自己的动手能力;三是渴望展示自己的才能,以便得到同伴的认可并取得让同伴、成人和社会认可的地位;四是个性特征正在形成中。现代教育心理学研究也表明,主动参与式的学习,其效果要优于被动接受式的学习。经过实践证明,互动式营销是少儿科普类图书营销最好的方式之一。

"北少社"在2010年二次宣传之初,为了营造话题,曾经把系列中某些作者和插画家请到现场进行活动宣传。少儿读者非常喜欢可怕、好玩的东西,也喜欢亲自参与到其中,所以科学也可以利用这些特点进行普及。活动现场,带着好奇心的小孩子们拿着"可怕的科学"翻看,个个笑得很欢。两位作家邀请小朋友到台上,恐吓他们说要把一桶水淋在他们头上,孩子们还是争先恐后报名。水真会淋到他们头上吗?当然不,快速旋转的水桶,在离心力作用下,水一滴都不会落下,而孩子们则对离心力有了深刻印象。

"北少社"还在镇江、深圳、杭州3地进行了7场"国际金奖作家来华搜求少年科学英才——"可怕的科学"大型科普系列图书百校赠书活动"。在现场,外国作者与中国孩子们的互动活动高潮迭起,作者带来的精彩实验和表演让孩子们疯狂地爱上科学。

另外,"北少社"还组织了20位专家,到重点地区举行"科普专家校园行"百场演讲活动,把营销宣传活动直接对接到少儿读者和他们的家长身边。

他们还策划了广泛的征文、评奖、PK决赛、写作参与、出国交流等活动,始终与少儿读者近距离接触,充分地进行互动,从而在少儿读者之间形成了品牌口碑。如此一来不仅少儿读者对"可怕的科学"认可度提高了,话题的热度也持续不断,而且对图书的销售也产生了直接的拉动作用。

## 四、精彩阅读

这是一个非常小，非常小，非常小的世界

我来讲讲我的故事。先自我介绍一下，我叫安迪·曼，好名字是别人给取的，手巧却是天生的！

"安迪·曼擅长杂务、修理、探测、电器维修、砖石工程。

您需要一个手巧的人吗？找安迪就对了，任何工作都可以干。

电话：01201 5843673    移动电话：09123 87690"

任何时候你都可以打电话给我，只是别在电视里正播放飞镖比赛的时候。我来告诉你是怎么回事。那次我是去布佐芙教授家里干活。我们谈好了只是做一点儿清洁工作，她家的一个马桶的管子堵了，我们管这叫卫生设施维修工程。所以，你可以想象当教授让我穿上这件防护服时我有多惊讶。"好吧！"我还是穿上了，我想这个厕所可能奇臭无比，反正马桶是个讨厌的家伙，干我们这行的都这么说。

布佐芙教授——"我犯了个原则性的错误。安迪·曼来的时候，我以为他是曼宁博士。曼宁博士是位科学家，自愿帮我测试一下我最近发明的缩小射线。"

教授叫我曼宁博士，这是怎么回事？她叫我站到这台机器的下面。这看起来并不像一个马桶！我正想说，机器的线路看起来不安全，她是不是想修一下。这时，她推动了一个控制杆。然后，她越变越大，房子也越变越大。不，等等，是我在变小！

"哦！""啊！""哎！""呃！""哟！"

我知道我的名片上写着，没有什么工作是小事，但是这个工作看起来，真是有点儿太小了！我不断地在缩小，直到我钻到了一根电线里。我问自己："我到电线里了吗？"

"缩小机的计量单元发生了故障。在我试图取消这个射线的时候，安迪已经被缩到了 0.000 000 025 毫米，和一个原子一样小了。更糟的是，他消失在机器里面了。很显然，情况变得有些危险了。"

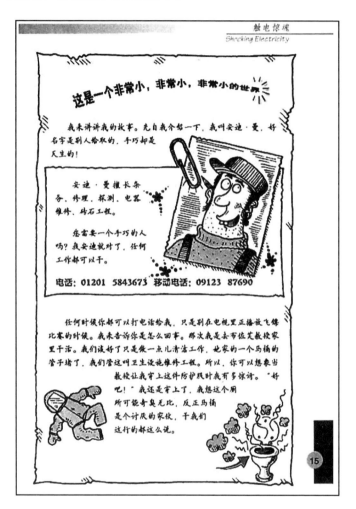

是有点危险。我最先看到的是这些怪异的球，天啊！它们是原子！围绕着原子的是许多飞速转动的小光点，它们转得那么快，简直像一团模糊的雾气。教授后来告诉我，那是电子。电线看起来像一个大隧道，原子在两侧，电子像一条河似的流过。电子像橡皮豌豆似的，我被它们冲走了，不得不拼命地游泳。你问我害怕吗？当然了，我都湿透了。我在想，怎么才能从电流中逃出去呢？

——选自《触电惊魂》第 15~17 页

## 五、相关研究推荐

[1] 赵彤 . "可怕的科学" 两次营销的成与败 [J]. 出版发行研究，2012(5).

[2] 米婧 . "可怕的科学"：在快乐中领悟科学 [N]. 中国保险报，2004-01-16.

[3] 欣闻 . 北京出版集团推出 "可怕的科学" [J]. 出版参考，2010(1).

[4] 首智慧 . 浅析引进版少儿科普类图书的畅销因素 [J]. 新闻传播，2014(4).

# "不一样的卡梅拉"

曹灵

## 一、书基本信息

### （一）图书介绍

书名："不一样的卡梅拉"（手绘本）

截至 2017 年已出版 14 册：《我想去看海》《我想有颗星星》《我想有个弟弟》《我去找回太阳》《我爱小黑猫》《我能打败怪兽》《我要找到郎朗》《我不要被吃掉》《我好喜欢她》《我要救出贝里奥》《我不是胆小鬼》《我爱平底锅》《我唤醒了睡美人》《我登上了逍遥岛》

作者：[ 法 ] 克利斯提昂·约里波瓦、[ 法 ] 克利斯提昂·艾利施

译者：郑迪蔚

开本：32 开

字数：1 500~2 000 字 / 册

定价：10 元 / 册

ISBN：9787539135168

出版社：二十一世纪出版社集团

出版时间：2006 年

### （二）作者简介

克利斯提昂·约里波瓦，作家、演员、导演，1948 年生于伊夫林省的小村庄，现居住在勃艮弟。早年即被著名导演发掘，其优美的嗓音具备戏剧演员潜质，先后主演过莫里哀、博马歇、费多、塔迪约、凯诺等人的名剧，之后担任了很长时间电视台的歌曲大奖赛评委。同时，他也编写并完成了第一部舞台剧。1989 年之后，专心致力于写儿童文学以及儿童戏剧，先后出版了数十部作品，

获得过瑞士儿童作品奖。

克利斯提昂·艾利施，1956年生于阿尔塞斯省的一个小城市塞莱斯塔。毕业于斯特莱斯堡装潢艺术学院，并在此执教至今。他的作品曾获得过瑟堡少儿读物大奖。

郑迪蔚，引进并翻译"冒险岛"系列、"吸墨鬼"系列、"排排队"系列、"露露的故事"系列等优秀童书，另著有《畅游天下——欧洲》《世界美食地图》等图书。目前专注于儿童图书的策划，为孩子们制作优质的精神食粮，让书香伴随中国孩子健康成长。

## 二、畅销盛况

"不一样的卡梅拉"原版曾荣获2001年法国瑟堡青少年图书大奖；2003年法国高柯儿童文学大奖；2003年法国乡村儿童文学大奖；2006年法国阿弗尔儿童文学评审团奖等多项大奖。自2006年被二十一世纪出版社从法国纳唐出版社引进以来，"不一样的卡梅拉"持续出版了11年，截至2017年已出版至14册。凭借清新的画面和有趣的故事，"不一样的卡梅拉"深受广大家长和孩子们的喜爱，收获了无数中国读者的好评。"不一样的卡梅拉"出版至今已重印78次，累计销售逾4 700万册，成为二十一世纪出版社集团首部年度亿元书。曾连续5年稳居当当网童书销售排行榜冠军，并长期在各大电商网站的少儿类畅销书排行榜上占据一席之地。

"不一样的卡梅拉"在读者群中拥有超高的口碑，以当当网为例，"不一样的卡梅拉手绘本"（1~12册）获得高达99.8%的推荐和173 075次五星评分，还荣获当当网终身五星级童书的称号。"不一样的卡梅拉"也受到众多业内权威专家的推荐和肯定，新蕾出版社社长马梅、中国少年儿童出版总社社长李学谦、时代出版传媒股份有限公司总编辑林清发、未来出版社总编辑路三强等人都曾推荐过本书。《不一样的卡梅拉·我爱平底锅》还入选了2013年"中国好书"。

## 三、畅销攻略

畅销书作为一种复杂的社会现象、文化现象和商业现象，它成功传播的原因是多元复杂的，是多种因素共同作用的结果。在如今竞争越来越激烈的图书市场，打造畅销书没有万用灵药、普适法则，但是畅销书为何畅销并非无迹可寻，本文将从以下四个方面浅析"不一样的卡梅拉"的畅销原因。

### （一）内容质量高

#### 1. 书名吸引人

书名好比人的脸，带给读者最直接的第一印象，好的书名一眼看去就能抓住读者的眼球，让读者有翻开阅读深入了解的欲望。"不一样的卡梅拉"在香港出繁体版时，书名被翻译成《傻鸡来了》，这样的翻译虽然有粤语区的特点，但是没有抓住这套书的精髓，图书的市场性也因此受到阻碍，可见引进版图书书名的翻译对图书销售会产生很大影响。

二十一世纪出版社在编辑这套书的时候，在标题的翻译和处理上做了不同于法文版的重新定位和考量，使其变得更适应国内读者的需求。"不一样的卡梅拉"整个系列的书名都是以第一人称"我"开头，这种叙述口吻更容易拉近与小读者的距离，使读者更容易进入"我"这个角色，在情感表达和心理刻画上也更为细腻动人。例如《我要打败怪兽》，原书名是三个单词《怪物、骑士和小鸡》，显然改后的《我要打败怪兽》更符合小朋友的阅读口味和心理发展规律。

#### 2. 故事情节有趣易懂

儿童绘本考虑到孩子的认知能力，一般来说故事情节设置得会比较简单，但"不一样的卡梅拉"故事性非常强，这在儿童绘本里是相对比较少见的。"不一样的卡梅拉"讲述的是母鸡卡梅拉和她的儿女卡梅利多及卡门的历险故事，书中充满了惊险的情节和法式的幽默。

以《我想去看海》为例：当其他小鸡们都在下蛋时，卡梅拉坚信"生活中应该还有更好玩儿的事儿可做"，因为喜欢听鸬鹚佩罗讲大海的故事，卡梅拉便萌生了想要去看海的大胆念头。虽然遭到了父亲的强烈反对，她还是在睡不着的夜晚独自悄悄地离开了家，朝着梦想中的大海走去。长途跋涉后她终于见到了波澜壮阔的大海，却因为海岸线消失而迷失方向找不到回家的路，还好遇到哥伦布的航海舰队被救上了船，船长却下令要吃掉她，她急中生智提出保证每天下一个鸡蛋的条件才得以保命。虽然妈妈不在身边，卡梅拉还是努力尝试各种方法艰难生下了第一枚蛋。随后她见证了哥伦布发现美洲大陆的历史事件，还在异国他乡遇见了可爱的皮迪克，邂逅了浪漫的爱情。和皮克迪一起返乡后第二年春天，她生下了儿子卡梅利多。卡梅利多和妈妈卡梅拉如出一辙，当其他小鸡都在睡觉时，他坚信"生活中肯定还有比睡觉更好玩儿的事儿"，他异想天开地说："我想有颗星星。"这巧妙地引出了下一本绘本故事《我想有颗星星》，让人忍不住猜想接下来又会发生怎样的一场冒险故事。卡梅拉家族的故事总是一波三折，跌宕起伏，带给读者无限的期待与惊喜，让读者情不自禁地被他们稀奇古怪的想法、不折不挠的精神和多姿多彩的经历所吸引。

接力出版社总编辑白冰在谈到"国际安徒生奖"获得者曹文轩的作品时说道："曹文轩在用一种人类共通的叙述方式讲故事，他讲的故事国外读者也能看懂、读懂并引起共鸣，他的基于人性、基于童心的创作，使作品具有了永久的艺术魅力和情感的力量。听一个故事梗概大概就能明白。"笔者认为克利斯提昂·约里波瓦的作品也是如此。

### 3.人物形象塑造出彩

从画面上看，"不一样的卡梅拉"里的各个人物角色都色彩绚丽饱满，动作表情栩栩如生、惟妙惟肖、各具形态，表现出不同的性格特征。就连每一只配角小鸡们的表情、动作都各不相同，细节非常精巧。

从文本上看，卡梅拉故事里的每个角色都是那样与众不同，他们敢于幻想，更敢于去尝试别人不敢想的事情，人物性格非常鲜明。以卡门为例，在《我爱小黑猫》中，她力排众议，坚持收留可能让她倒大霉的、落难的小黑猫；在《我去找回太阳》中，她竭力维护爸爸的荣誉，与卡梅利多一起同想要颠覆鸡堡现有秩序的小胖墩等做针锋相对的斗争；在《我不是胆小鬼》中，面对强盗巴巴和四十大盗对鸡舍的攻击，她沉着冷静、机智应对，成功地组织了自卫反击战；

她还深入虎穴，救出陷入困境的贝里奥，等等。通过这些故事，作者塑造了一个虽然叛逆，但博爱、充满正义、调皮聪慧，富有同情心、责任心和使命感的卡门的形象，让人印象深刻。还有好奇又勇敢，且充满探险精神，总能把不可能的事情变成可能的卡梅拉；忠诚乐观、善良敏感、爱吃奶酪的贝里奥；博学多识，总能帮大家出谋划策的佩罗……卡梅拉家族成员都有各自不同的特点，读者往往通过一个或几个形容词就能概括其特征，非常容易被小读者理解并把握。

### 4. 文化内涵丰富

与其他少儿绘本相比，"不一样的卡梅拉"有个很大的特色和优势是文化性非常强，每个故事中都巧妙地融入了历史人物或事件、典故、文学作品、世界名画等，这种文化知识点的穿插不仅能引起孩子们极大的阅读兴趣，还能在润物细无声中拓展孩子们的人文视野。

以"不一样的卡梅拉"中"致敬"的世界名画为例：《我想有个弟弟》（第 7 页）里寂寞的卡梅利多想借同伴的小弟弟玩，却惨遭拒绝，于是他失望地大喊大叫，以此来发泄心中的不满，"我也想要一个弟弟！"卡梅利多瞪大眼睛尖叫的样子和挪威画家爱德华·蒙克的作品《呐喊》中的呐喊者有异曲同工之妙；《我爱小黑猫》（第 32 页）里 3 只坏田鼠强盗出现时，他们拿着武器从雪地中走向鸡舍准备偷鸡蛋的情景非常像画家彼得·勃鲁盖尔的作品《雪中猎人》中的场景，老鼠背着木叉的动作跟猎人一样，近处和远处的房子、树上及飞翔的鸟儿也一样；《我爱平底锅》（第 17 页）里小鸡们的帽子、围兜、姿势和手部动作都处理得与法国画家米勒的作品《拾穗者》极为相似；《我要找到朗朗》（第 36 页）里卡梅利多和卡门身后的桥高度还原了法国画家莫奈作品《睡莲》中的日本桥，连桥栏杆的间隔都几乎一模一样；《我不是胆小鬼》（第 45 页）里卡门和小母鸡们打败了抢夺鸡蛋的黄鼠狼，从鸡舍中冲出来时的画面与法国画家欧仁·德拉克罗瓦的作品《自由引导人民》如出一辙。

"不一样的卡梅拉"里隐藏的文化知识点可以说是不胜枚举：《我想去看海》里卡梅拉实现了看海的梦想后却迷失在了海上，在她孤独无助的时候，遇到了探险家哥伦布的船队，还跟着哥伦布发现了美洲新大陆；《我想有颗星星》里卡梅利多的愿望是想有颗星星，他遇到了著名科学家伽利略，伽利略还让卡梅利多看自己的天文望远镜；《我去找回太阳》里卡门和卡梅利多在向日葵的指引下，意外发现并搭乘蒙特哥菲尔兄弟俩发明的热气球；《我爱小黑猫》里小鸡们意外救起了一只被遗弃的可怜的小黑猫，最后这只小黑猫成长为威风凛凛的"穿靴子的猫"。还有《我能打败怪兽》里的"圆桌骑士"兰斯洛特与模仿"美杜莎"的鸡头蛇怪；《我要找到郎朗》里故事爷爷给小鸡们讲的"伊索寓言"（《列那狐的故事》《尤利西斯用计扎瞎独眼巨人》《金鸡蛋的故事》《乌鸦与狐狸》）；《我不要被吃掉》里的"牛头怪"米诺陶洛斯；《我要救出贝里奥》里的"太阳王"路易十四；《我不是胆小鬼》里的"阿里巴巴"与四十大盗……

二十一世纪出版社集团南极熊出版公司总经理黄震认为，卡梅拉的历险故事里交织着对典故、传说的再创作，"这种艺术化的杂糅，不是马赛克式的拼贴，而是极具趣味的吸收和转换，在不经意中营造出恰逢故人的亲切感，达到调侃经典甚至是致敬经典的目的。这些散落的细珠碎玉，作为书中花絮式的点缀，让读懂的人会心一笑，或是在成长的某个时刻恍然大悟、豁然开朗，成为小读者在阅读时光中秘而不宣的小愉悦。"

### 5. 贴近儿童的心理世界

"不一样的卡梅拉"之所以受到非常多小读者的喜爱，是因为作者在创作过程中注意紧贴成长中儿童的心理世界，呼应小朋友心中的渴望，帮助他们探索不曾了解的自己。作者克利斯提昂·约里波瓦表示："我们用简单的文字和画面给孩子更多空间，带给他们自由想象的快乐。我们希望为孩子们打开一扇发现自由的窗口，跳开成人的束缚，自己去发现新奇的世界。"作者笔下的卡梅拉和它的孩子们不仅是一群小鸡，更是帮助小读者们进行心灵探索的朋友。

以故事中出现的离别场景为例：《我想去看海》里卡梅拉坚信"生活中应该还有更好玩儿的事儿可做"，于是，不告而别离家出走去看大海；《我想有颗星星》里卡梅利多和贝里奥偶遇外星小绿鸡塞勒斯并结成朋友，飞船要返航时他们互赠礼物，紧紧拥抱依依惜别；《我爱小黑猫》里卡梅利多和卡门收留了小黑猫，小黑猫长大后决定去旅行看看外面多姿多彩的世界，3个好朋友伤心地哭着，然后送走了被他们养大的小黑猫；《我不要被吃掉》里卡门救起不小心掉进洞里的小狐狸佐拉，与其化敌为友，一起救出被抓走的小公鸡，小鸡们逃离困境后与天敌小狐狸难舍难分地告别。这些不同的离别场景都刻画得很细腻动人，非常容易唤起小读者们强烈的情感共鸣，因此，在阅读过程中总是不断地被这些可爱的小鸡们所鼓舞和感动。

正如黄震所说："当下中国儿童最需要的好书应该贴近儿童的心灵，并善于激发它、尊重它，更要能提升它。好的童书，能找到作品的核心价值和幼儿的生活经验之间的契合点，以巧妙的方式让幼儿在快乐的阅读中获得有益的发展。""不一样的卡梅拉"显然做到了这一点，是一本贴近儿童心灵的好书。

### （二）装帧设计精美

科学合理的图书装帧设计能帮助和引导少儿读者阅读，有助于培养少儿对图书的喜爱，而且还有助于少儿的智力开发，培养少儿的审美能力、阅读能力、想象力和创造力。

从外部装帧设计上看："不一样的卡梅拉"开本为小32开，这样的小开本非常符合少儿的阅读习惯，也便于少儿自主阅读和亲子共读，平装胶订的装订方式使每本书都轻薄便携。封面设计上多使用的是蓝、绿、黄、红等极具视觉冲击力和感染力的色彩，少儿对这种纯度高的鲜艳、明亮色彩非常敏感，这样的设计能很快地吸引儿童的注意力。封面书名使用了烫金工艺，还醒目地印上了"畅销4 700万册"的字样，整套图书的封面设计风格非常统一。

从内文版式设计上看，这套书的绘图与文字相得益彰：绘图的版式安排有很强的节奏感，通版、单页、跨页、多格、分栏、大特写等不同版式设计灵活搭配使用，非常有特色。绘图者还使用了动漫等自由活泼的画幅分割，使故事内容得以更加淋漓尽致地展现。文字根据绘图内容安放在页面适当的位置上，字体的颜色也根据绘图的颜色做出调整，文中关键的语句还使用加粗的艺术字突出强调。在聊到绘本的创作过程时，克利斯提昂·约里波瓦说："平时都是，比如说我写出文字，然后艾利施马上可以画出和这个文字非常贴切的画面，甚至有时候他先画出一个画面，然后我再直接又想出一个句子，我们可以这样写，是双向的工作，并不是像有的插画那样，比如，作家写完作品，然后另外一个专门负责插画，我们是非常双向的。我想出一句话，他可以画一幅画，我们交流非常好，所以非常开放。"正是两位作者这种"双向工作"的方式使得他们的图文意义共生，产生了意想不到的美感效果。

### （三）出版社的营销宣传

#### 1. 线上、线下联动营销

精心设计的各种线上、线下营销活动是推动卡梅拉系列图书畅销的一个重要原因。二十一世纪出版社通过举办卡梅拉绘本剧演出、组织卡梅拉人偶与小读者的互动会、组织绘图者克利斯提昂·艾利施和读者见面会等线下活动，不断加强与读者间的交流和反馈。以 2017 年 5 月二十一世纪出版社和全国 600 多家新华书店联合举办的"不一样的卡梅拉暑假促销季"活动为例，活动期间卡梅拉系列图书全场特惠，而且读者只要在全国新华书店设立的"卡梅拉角"中与卡梅拉玩偶亲密合影并将照片发到指定邮箱，就有机会获得作者亲手绘制的限量版卡梅拉装饰瓷盘礼盒，这吸引了一大批读者粉丝参与互动，大大提高了卡梅拉系列图书的销量和知名度。

二十一世纪出版社还充分利用各大新媒体平台对卡梅拉系列图书进行宣传营销，例如，建立并运营卡梅拉大家族的官方微博、微信和 QQ 群，方便读者们了解更多图书内容和享受最及时的优惠活动。卡梅拉官方微博、微信每日发布图文并茂的相关内容解读、卡粉故事、育儿知识、书单推荐等，并积极与读者和大 V 互动，扩大宣传面，提升卡梅拉大家族在读者心目中的口碑和形象。卡梅拉 QQ 群开设了"卡梅拉伴你阅读"板块，每周定期分享两本好书，至今已经超过 80 期分享，和读者之间建立了很好的黏性。除了日常的更新维护外，卡梅拉 QQ 群和微信群还会不定期地同步举办如"说不尽的卡梅拉"知识竞赛、英语实用句型比赛等回馈读者的有奖活动，这些活动都得到了读者的积极响应。

#### 2. 社群电商营销

社群电商运用"互联网 +"模式，通过明确的标签把图书精准地推给目标客户，与传统渠道相比具有独特的优势。以当当网为例，"不一样的卡梅拉手绘本"（1~12 册）的评论已经达到了 280 663 条，好评率高达 99.8%，绝大多数购买者都对这套书给予了很高的评价。线上销售使读者随时随地进行互动交流成为可能，购买同一本书的读者在交流阅读体验的过程中，非常容易引发共鸣，从而形成口口相传的效应，作品的潜在价值也就得到了最大限度的发掘。2013 年，随着全网络渠道的开放，"不一样的卡梅拉"系列图书的销量迎来了爆发式增长，仅 2013 年一年的销量就超过了过去 7 年的总和，一跃成为二十一世纪出版社首部亿元级的超级畅销书。2014 年，二十一世纪出版社作为第一批专业少儿出版社入驻大 V 店，随后逐渐和越来越多的社群电商建立起良好的合作关系。2015 年 12 月 21 日，"不一样的卡梅拉"第四季（共 10 册）在大 V 店首发，上市仅 24 小时销量即突破 5 万册。

二十一世纪出版社还十分重视"双十一""双十二"这类电商销售高峰期的促销活动，以 2016 年"双十一"为例，二十一世纪出版社从 8 月开始就积极备战"双十一"，与经销商密切沟通，在编辑部门的配合下推出了大批适合网络销售的定制产品。仅 11 月 11 日当天就实现全网销售 2 600 万码洋，最终全网实现销售码洋 5 670 万元，在京东、亚马逊、大 V 店平台，二十一世纪出版社的图书销量排名少儿类第一。二十一世纪出版社的自营天猫旗舰店"双十一"的销量还曾连续 4 年在全国少儿出版社旗舰店中排名第一。二十一世纪出版社在社群电商营销方面所做的各种促销活动也大力带动了"不一样的卡梅拉"系列图书销量的增加。

### 3. 重视衍生产品的开发

在"不一样的卡梅拉"（手绘本）取得良好的销售成绩后，二十一世纪出版社又开创从图书引进到同名动画片 DVD 引进的复合出版新模式，重金从法国购进了根据"不一样的卡梅拉"同名绘本改编的动画片 DVD 版权，使图书和音像制品形成了良性互动。同名 DVD 在当当网热销后，二十一世纪出版社又乘势而上，一举买下"不一样的卡梅拉"动画片延伸产品的授权。根据法国拍摄的 32 集"不一样的卡梅拉"动画片改编了 32 本动漫绘本，组成"不一样的卡梅拉动漫绘本"（1~32 册），这套动漫绘本将手绘与 3D 技术相结合，每一幅画面都通过手绘精心雕琢，3D 技术的绚丽景致和水彩手绘的细腻晕染巧妙结合，延续了原创手绘本的法式浪漫，同时人物更立体，场景更逼真，将动画片的视觉冲击力与手绘图书的细致性和美感融为一体，给读者双重的阅读新体验。书后还附有相关的知识链接，让小读者在阅读过程中能学到更多的文化知识。虽然这套动漫绘本上架后褒贬不一，口碑跟手绘本比有所下滑，有些读者表示动漫绘本的故事情节和画风比不上手绘本，但不可否认的是动漫绘本的推出使"不一样的卡梅拉"系列图书形成更大的规模，进一步扩大了其知名度和影响力。

二十一世纪出版社一直持续不断地对"不一样的卡梅拉"及其衍生产品进行开发，以手绘本每年一册，动漫绘本每年一季的出版节奏，不断地推陈出新以保持该系列图书火爆的销售势头。除了手绘本和动漫绘本，二十一世纪出版社还相继出版了"不一样的卡梅拉"英文版（12 册）、"不一样的卡梅拉"纪念版（12 册）、"不一样的卡梅拉"珍藏版（3 册）、"不一样的卡梅拉"低幼版（6 册）等一系列相关图书。

正是由于二十一世纪出版社对"不一样的卡梅拉"系列图书的多渠道立体宣传营销，使卡梅拉这只特立独行的法国小鸡形象深入人心，成为少儿类图书中的知名品牌。

### （四）注重本土化改造

"不一样的卡梅拉"的引进之路并不是一帆风顺的，2003 年"卡梅拉之母"郑迪蔚在法国一家书店无意读到这本书，当时此书还未畅销，作家也不出名，她却发现了这本书的价值，回国后向多家出版社推荐，但出版社都因为这套书太薄卖不起价，而且只有 3 本构不成系列而不愿意引进出版。郑迪蔚没有放弃，一直等到书出到了第 6 册时继续推荐，最后被二十一世纪出版社的张秋林社长以其独到的眼光看中并引进出版。

在引进后的翻译过程中郑迪蔚力求本土化，尽量将文本翻译得符合国内读者的阅读习惯和审美倾向，避免直译硬搬的翻译形式和过于生硬和别扭的欧式语句，使图书内容既忠于原著，不失法国风格与韵味，又便于中国读者理解和接受。例如，郑迪蔚对主要人物的名字直接使用了音译，如卡梅拉、卡梅利多、贝里奥、佩罗等，对其他人物的名字使用了意译，改为如小胖墩、鼻涕虫、小刺头、大嗓门等这种更形象化的名字。对图书的读者定位也稍做调整，法国的阅读建议是 5 岁左右，二十一世纪出版社的定位是 3~5 岁亲子阅读，5 岁以上自主阅读。随着市场环境的变化，二十一世纪出版社在 2013 年 6 月着手对"不一样的卡梅拉"进行再版升级，润色文字、调整定价，并陆续更换了作者重新绘制的高质量插图，封面装帧采取与动漫绘本的烫银装帧形成呼应的烫金工艺，全面提升了图书的品质和价值。

# 四、精彩阅读

现在是下蛋的时间了!

这可是小鸡们第一次下蛋。看,有的疼得哇哇直哭。

"啊,多可爱的蛋呀!"鸡妈妈们高兴坏了。

只有小鸡卡梅拉拒绝下蛋。

"下蛋,下蛋,总是下蛋!"她生气地说,"生活中应该还有更好玩儿的事可做!"

"去看海?你先弄明白自己是谁,再考虑这个吧!"卡梅拉的爸爸觉得,再也没有比这更愚蠢的想法了。

"你看看我,出去旅游过一次吗?你要知道,卡梅拉,大海可不是小鸡玩游戏的地方,跟我回窝里去!"

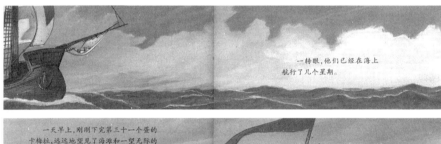

——选自《我想去看海》

## 五、相关研究推荐

[1] 黄彦伟 . "不一样的卡梅拉"家族的成长叙事及创作启示 [J]. 南昌航空大学学报 , 2014, 16(1): 70~75.

[2] 杨璐 . 童书"不一样的卡梅拉"畅销原因剖析 [J]. 新闻传播 , 2015 (3): 84.

[3] 潘群 . 少儿图书装帧细节设计中的人性化关怀 [J]. 中国出版 , 2008 (6): 24~27.

[4] 林云 . "不一样的卡梅拉"出版始末 [N]. 中华读书报 , 2011-08-31.

[5] 黄震 . "不一样的卡梅拉"好书不寂寞 [N]. 中华读书报 , 2016-04-27.

[6] "不一样的卡梅拉":内容 + 营销,完美结合 [EB/OL]. 中国新闻出版广电报,http://news. xinhuanet.com/zgjx/2016-07/11/c_135504492.htm.

[7] 聊天实录:"不一样的卡梅拉"作者兄弟作客新浪聊天 [EB/OL]. 新浪育儿,http://baby.sina.com. cn/08/2310/1508123114.shtml.

[8] 司淑娴 . 二十一世纪出版社集团的社群电商营销成绩单 [EB/OL]. 百道网,http://www.bookdao. com/article/389856/.

[9] 刘蓓蓓 . "不一样的卡梅拉"完成衍生产品首步开发 [EB/OL]. 百道网,http://www.bookdao.com/ article/389856/.

联系方式:18811590327 邮箱:cao597164899@163.com

# 《地图（人文版）》

李妙雅

# 一、图书基本信息

## （一）图书介绍

书名：《地图（人文版）》

作者：[波] 亚历山德拉·米热林斯卡

　　　[波] 丹尼尔·米热林斯基

开本：8 开

字数：图文书，以图为主，字数不详

定价：98.00 元

ISBN：9787221115348

出版社：贵州人民出版社

出版时间：2014 年

## （二）作者简介

　　亚历山德拉·米热林斯卡和丹尼尔·米热林斯基是一对波兰的"80 后"夫妻，他们 2007 年毕业于波兰华沙艺术学院，有自己的工作室。他们很喜欢旅行，喜欢一个地方一个地方地走，不愿意只待在一个地方，还喜欢一些比较恶劣的自然环境及那些反映周遭环境的建筑设计。

　　其中，亚历山德拉一直热衷于收集各种各样的地图，包括军事的、经济的，还有林业方面的。这些地图像密码符号一般吸引着她。因此，他们查阅了大量的参考资料，收集了大量的老书，包括地图等，整整用了 3 年制作完成了《地图（人文版）》（以下简称《地图》）一书。在设计和绘画的过程中，每种动物或人种，他们都会选择用一种非常独特的符号去表达，每个国家的文字他们都会采取独特古老的表达方式。正是他们对待创作这种认真细致的态度，《地图》出版后被翻译成各个版本在世界畅销，获得各种奖项，也成为了他们的成名作。

除《地图》之外，他们的绘本作品《中国历史地图（人文版)》《太空》《地上水下》《谁吃谁》《MAMOKO 妈妈看！》等也已在中国出版。虽然目前他们还是大家比较陌生的作者，但可以相信，他们的名字以后会被更多的中国读者熟知。

## 二、畅销盛况

《地图》是一本手绘世界地图儿童百科绘本，它以引人入胜的细节、柔和别致的时尚色彩、俏皮的笔触，描绘出了地球的可爱，是儿童认识地球和世界的工具性绘本，是为地图爱好者奉上的一场视觉盛宴。该书 2010 年获得"博洛尼亚国际儿童书展插画奖"提名，2010 年获得"国际儿童读物联盟荣誉奖"（IBBY）提名。

《地图》被世界各国广泛引进，在美国、英国、法国、比利时、荷兰、德国、俄罗斯、意大利、挪威、立陶宛、芬兰、冰岛、日本、乌克兰、韩国、澳大利亚等 20 多个国家出版，并受到读者的欢迎。在美国，该书上市首日，1 万册迅速销售一空。除了销量可人外，该书内容质量也获得广泛认可，并获得多国重要奖项，如 2013 年度法国女巫奖最佳非虚构类图书奖、2013 年度意大利安徒生奖最佳非虚构类图书奖、2013 年度《纽约时报》最有趣 6 本童书之一、俄罗斯《福布斯杂志》2013 年度最佳图书等，还获得了《纽约时报》《华尔街日报》等国外媒体的高度好评。

《地图》一书于 2014 年在中国出版。它在中国并没有像在美国一样，一上市就销售火爆，但是就如蒲公英童书馆总编颜小鹂在访谈中说到的一样，好书终究会得到大家的认可，"《地图》第一月只卖了 4 000 多册，第二个月 8 000 册，现在每月 3 万册"。从网络书店的销售排行榜来看，该书曾在当当童书榜的前 10 位、亚马逊少儿科普图书的前 5 位，曾登上 2015 年度当当童书榜，在 2017 年儿童节期间，《地图》在当当网的销量甚至排到了图书总销量榜的第 1 位。同时，该书在当当网已经累计收到了超过 33 万条的评论。到 2017 年 6 月，市面上能买到的《地图》也已经是 2017 年 2 月第 16 次印刷的版本。这些也可以从侧面证明该书不俗的销量。

当然，该书在中国不仅是卖得好，也收获了良好的口碑。在豆瓣图书上，《地图》的评分高达 9.3 分。在新阅读研究所 2014 年度中国童书榜—年度 100+/ 知识读物、新华网·新华读书 2014 年 10 月"十大好书"、2014 年度桂冠童书榜单·科普百科类、深圳读书月 2015 年"年度十大童书"、2016 年麦田书单 / 蔡朝阳推荐童书等多个知名好书榜单中都出现了《地图》的身影，《新京报》《南方都市报》《解放日报》《光明日报》等报纸阅读栏目都刊登了该书的书评。该书的畅销还引起了地理类少儿图书的出版热潮，如《中国历史地图（人文版）》《我的第一本地理启蒙书》《写给儿童的中国地理》等相关题材的少儿科普相继出版并取得成功。

## 三、畅销攻略

据开卷发布的《2016 年中国图书零售市场报告》显示，少儿类图书销售成为图书零售市场增长的最主要推动力。从细分市场来看，2016 年少儿类的码洋比重（23.51%）超过社科类（23.09%），成为图书零售市场中最大的细分类，同时，少儿类也是细分市场中增速最快的。而在少儿图书市场当中，随着近年来家长对儿童科学素养的越发重视，少儿科普图书的出版显得越发重要。早在 2014 年，开卷报告就显示，少儿科普成为继少儿文学之后少儿图书中最具增长潜力的图书门类。

而在广阔的市场潜力背后，不可忽视的是激烈的市场竞争。到 2014 年年底，在中国 583 家出版社中，就有 490 多家出版社参与少儿科普图书市场的竞争。挖掘优质的少儿科普资源，并将其成功地打造成畅销书是出版社在竞争中取胜的关键。《地图》作为近几年较为成功的少儿科普图书，深入分析其畅销原因，可以给众多少儿科普市场的竞争者一些可行的借鉴。同时，纵观当下少儿科普图书市场，"引进版"可谓独霸天下，本土原创的科普图书显露疲态，少有能与引进版一较高下的。因此，分析畅销的引进版少儿科普图书，如《地图》等，也是为本土原创少儿科普图书的发展取长补短，积蓄力量。

下面，笔者将从内容和主题、装帧设计及营销三个方面对《地图》的畅销进行分析。

## （一）内容和主题

### 1. 主题符合儿童特性和时代特点

分析该书主题，首先从该书书名说起，主标题"地图"两个字，简洁明了，直奔主题，读者在书店选购图书或者浏览网店购买界面时能够一眼就知道该书的内容，吸引想要购买该主题图书的注意力，同时简短的书名还便于读者的记忆与人际传播。书名为"地图"，一来是由于本书并不包括所有国家的地图，若名字为"世界地图"则有夸大之嫌；二来，"地图"前不添加修饰的词语更显质朴诚恳，提升了真实感和可信度。"人文版"对主标题加以解释，使本书区别于一般地图册、地图挂历等，强调了内容的人文性和知识性。

从本书主题来看，"地图"这样的地理类选题首先满足了儿童探索世界的好奇心。在许多人的童年里，地球仪或者地图拼图等都是一样有趣的玩具，孩子们对着这些虚拟的世界"指点江山"，许下环游世界的梦想。可见，对世界不同地方的探索是儿童最原始的欲望之一。而在全球化和互联网的影响下，孩子们更容易得到关于世界的信息，而得到的信息越多越不能满足于信息的边角，越想知道外面世界的全貌，求知欲由此更加强烈。《地图》正是满足了当下儿童强烈的好奇心和求知欲，但又不像地球仪、地图册一样枯燥，而是用图文并茂的方式向他们描绘了外面世界的风貌。

此外，中国自古以来就有"读万卷书不如行万里路"的说法，而且随着国民经济水平的普遍提升和家庭教育理念的优化，越来越多的家长希望孩子可以通过旅行来增长见识，亲子游、寒暑假游学等旅游项目在这几年越发火爆。但是出国旅行毕竟费用比较昂贵，一般的家庭对此还是有较大的压力，而像《地图》这样的"纸上环球之旅"正好让家长们在经济能力范围内做到经常"带孩子出去看看"。

### 2. 单一主题的异军突起

在 2014—2016 年当当年度童书榜中，少儿科普图书入榜的有"神奇校车·图画书版"（全 11 册）、"大英儿童百科全书"（全 16 卷）、"汉声数学图画书"（全 41 册 + 妈妈手册）、"写给儿童的中国历史"（全 14 册）、"吴姐姐讲历史故事"（精美盒装，青少版，全 15 册）、《地图（人文版）》、"第一次发现丛书 透视眼系列第一辑"（全 42 册）和"这就是二十四节气"（全 4 册）。从这个总结中不难发现，在畅销的少儿科普图书中系列书占据了绝大部分。系列书一般主题较大，知识点覆盖较全面，像《十万个为什么》等百科全书式的科普图书总给家长一种购买一套便可一劳永逸的感觉，因此之前一直占据榜单前列。

但是，随着少儿图书市场竞争的白热化，各类少儿科普题材逐渐被开发殆尽，百科全书式图书在市面上也逐渐饱和，像《地图》、"这就是二十四节气"这样主题集中、更"小众"的科普图书开始崭露头角。

对读者而言，单一主题的科普图书针对性更强，百科式图书虽然全面，但是读者未必都感兴趣，有的小读者可能会只阅读自己喜欢的内容，从而造成浪费。而且同类型系列书之间的竞争往往是"你死我活"的，购买了一套系列书的家长，总是不希望再购买相同内容的，但是其他系列书又往往难以避免重复，这个时候，单一主题图书更容易寻找到市场的空缺，"在夹缝中生存"。此外，单一主题往往是单行本或者小册数系列书，在价格上具有明显优势，家长在购买时不会因为价格而产生较大的顾虑。

对出版社而言，单一主题的科普图书的编辑工作量对于百科全书式科普图书而言较少，这样更有利于编辑将精力集中，反复推敲打磨，以保证图书内容质量。无论什么类型的图书，优质的内容依然是图书畅销、长销的保证。

### 3. 更少的文字，更多的知识点

在进入读图时代以来，图文书开始越来越受到读者的欢迎。图像能刺激人的视觉感官，引起阅读兴趣，调节阅读节奏，帮助读者理解文字的内容。对于本来就识字不多的儿童而言，读图给阅读带来的好处更加明显，因此在少儿图书中图文书更加风行，各式绘本琳琅满目。但是，在相同面积下，图片所能表达的信息往往少于文字，图片过多很可能导致图书流于形式、信息量少和缺乏深度。因此，如何把握图文比例、如何安排图文位置等是当下图文书编辑所面临的重要问题。

《地图》一书在全书基本为图片、文字极少的情况下，还能做到容量和深度都要高于同类的儿童地图，这其中包含着作者的巧思。

首先，《地图》中选取的地图的数量非常大，一般的儿童地图册只有 10~20 个国家，而它里面包含的大洲、大洋以及国家地图则达到 55 幅。其次，《地图》的信息量不只体现在国家数量上，还体现在内页中的知识点的数量上。这本书的内页最少的一页也有 20 多个知识点，多的能有七八十个知识点，这在儿童地图书中也算是非常大的了。再者，《地图》中知识点的类型非常丰富，涵括了动物、植物、交通、建筑、自然景观、服饰、饮食、运动、语言、人口、面积、名人、历史、艺术、手工艺等自然和人文的方方面面。

在当当网和豆瓣的读者评论中，很多读者评价《地图》是一本能够越读越厚的书。为什么呢？一般的地图书，内容的安排就是在地图上加载各种知识点。这看起来很简单，只要是会查资料的人都会做，但知识点的选择却考验着创作者或编辑的学识和理念。有的地图书只是在地图相应位置添加了那个地方的特产、特有动物、有名的建筑等，这种书看起来提供的信息要比只列个名字强多了，可减轻亲子阅读时父母的负担，也可作为识字孩子自己阅读的材料，但往往由于版面局限，这些信息要么表达的信息量太少，容易让人满足于仅有的这点信息，要么字体太小、太密，影响阅读体验，也容易影响孩子的视力，因此，这不一定是个好的图文编排方式。

而《地图》采用的方式是这样的：以单个国家地图为例，作者在手绘的该国地图上加载了一些信息，这些信息是含有地理位置信息的。作者在该国以外区域还加载了更多的关于这个国家的信息，这些信息不全含有国家以下更精确的位置信息。这种方式使得整本书的文字量少了很多，但所蕴含的信息量却丰富起来。这种处理方式虽然会带来一些阅读上的困难——如果读者想搞清楚作者为什么要在这些地图上加载某个信息，就必须自己去查阅资料，完成对人文内容的阅读。对于懒人来说，这当然不是个好消息，不过，对于喜欢阅读的人来说，这反而会激起他们的求知欲，增加阅读的乐趣。因此，这样的安排是利大于弊的。

### 4. 符合亲子共读的趋势

从《地图》的图文安排形式来看，这本书并不是一朝一夕可以轻易读完的，是需要读者去细读、去挖掘的。这样的安排，正适合亲子间进行共同阅读。同一幅地图，家长和孩子阅读以后会发现不同的要点，得到不同的感悟，通过互相交流，得到的收获将更加丰富。也许还可以几个家庭共同进行亲子阅读，互相交流，这样容易坚持把整本书阅读下来。

市面上有的少儿图书设计过于幼稚，知识点过于简单，家长往往只是出于让孩子学知识、给孩子讲故事这样的目的粗浅地翻阅，难以引起真正的阅读兴趣。但适合亲子共读的书不仅要让儿童感兴趣，而且还要让家长感兴趣。《地图》的手绘风格清新自然，能够符合大人和小孩的共同审美。同时，书中的知识点并不是人人都懂的常识，家长在阅读中也能找到新鲜的知识，再加上书中蕴含着作者在各个国家旅行的所见所闻，比一般的生硬知识点更加生动有趣。因此《地图》的宣传语中写道"这是一本适合4岁到99岁的书"，而很多家长也在购书评论中表示不仅孩子喜欢看，他们自己也很喜欢这本书。当下，能够打动少儿图书的真正的购买者——家长，是少儿图书畅销的重要条件之一。

## （二）装帧设计

### 1. 重视阅读体验

《地图》很大的一个特点在它的开本，这本书的开本为8开，也就是两本杂志的大小，比现在市面上别的儿童地图书大得多。这种大开本的好处是，整本书打开时能达到4开，每一页的图和文字都足够大，不用拿放大镜就能做到一目了然，这有利于保护孩子脆弱的视力。当然，大开本也有缺点：不便携带和收纳。这让本书无法拿在手上捧读，因为太大太重了，所以这是一本需要有阅读环境才能阅读的书。但是这一点正与本书希望读者进行深入阅读的目的相符，良好的阅读环境更能保证阅读的专注度。另外，估计是考虑到本书不便收纳和需要长时间翻阅的特点，为了更好地保护书，出版社为此书配了一个厚牛皮纸的函套。综合以上几点，大开本这个设计是瑕不掩瑜的。

与大部分少儿图书不同的是，本书在色彩设计上不是很亮丽。很多人认为小孩子喜欢鲜艳的色彩，为了吸引儿童，他们会把图书的色彩，特别是封面的色彩设计为高亮度、高饱和度和高对比度。这样的色彩的确容易抓住眼球，但这样的设计显得跳跃，对眼睛的刺激大，容易让眼球疲劳。而《地图》的色彩柔和，让眼睛很放松，适合慢慢读的节奏。此外，本书的纸张采用的是一种特殊纸张，不反光，从而能更好地保护视力。

本书精装裸背锁线的装订方式，一方面可以体现图书的质感；另一方面，能够保证翻开的每一页的画面完整，可谓一举两得。

### 2. 突出图书特色

《地图》这本书大部分的设计都是围绕"人文版"这一图书特色进行的。最外面的函套选用了厚牛皮纸，函套封面只有简单的"地图"两个大字和下面的"人文版"三个较小的字，文字采用立体设计，上面有草纹和网格等手绘的地理元素，总体上显得复古而简洁。图书的封面选取手绘的世界地图的局部作为底图，书名设计也是立体和手绘花纹，"地图"二字颜色为暗红色，非常抢眼，"人文版"三个字则安排在右下角，与底图相互配合下就像海中的小岛。书名页底纹设计像旧的羊皮卷，有古朴的感觉。内页的每张地图都有一圈纹饰，而且纹饰各不相同。封面和内页的颜色都是偏黄色调，亮度也较低，总体呈现一种柔和、朴素的氛围。《地图》的图书目录直接在世界地图上划分区域，表明页码，比常规的目录更生动活泼，同时也符合图书介绍世界各个国家，带领大家环游世界的内容特点。

本书的细节和独特也是一大卖点。每种动物或人种，作者都会选择一种非常独特的符号去表达，即使这个物种在书里重复出现过很多次，他们也不会重复使用之前画过的，而是重新再画一个。还有某个物种中有很多不同的种类，如俄罗斯的熊和波兰的熊，同样是熊，他们也会根据特点画出不同的样子；还有各种各样的鲸、鲨鱼，等等。他们给每个国家的国名也都做了不同的设计，他们用一种独特、古老的书写方式，书写每个国家的国名。例如，意大利采用的字体就会让人联想到意大利面。

## （三）营销

除了图书本身的内容质量和装帧设计外，《地图》的畅销也离不开有效的营销宣传。

### 1. 蒲公英童书馆的品牌和经验助力

蒲公英童书馆诞生于 2007 年年初，是一个专门出版少儿图书的童书出版专业机构，它与贵州人民出版社深入合作，出版了"神奇校车"系列、"妙想科学"系列等众多畅销的少儿科普图书。蒲公英童书馆一直以来坚持质量取胜的经营理念，形成了良好的品牌形象，读者对蒲公英童书馆出版的童书信赖度和忠诚度都较高，因此《地图》在出版社品牌的加持下，更容易获得读者的好感。在《地图》出版之前，蒲公英童书馆出版的"神奇校车"系列、"自然图鉴"系列、"妙想科学"系列等少儿科普畅销书积累了大量的忠实读者，这为《地图》的畅销营造了良好的读者基础。

同时，《地图》出版时，蒲公英童书馆的微信公众号、微博、网络销售渠道等都已经建设得较为完善，编辑们对童书的策划、编辑和营销也有了一定的经验积累。因此，该书在出版时能够做到宣传到位、销售渠道畅通多样、营销手段丰富高效等，这使得读者能更早、更好地接收到优质的图书内容，为图书的畅销打下了坚实的基础。

### 2. 高品质下的口碑营销

蒲公英童书馆总编颜小鹂认为，每年大量出新书是一件劳民伤财的事情。当初成立蒲公英童书馆，她的第一个想法是做自己认同的作品，做一个可以给读者带来持续效应的机构。颜小鹂说："首先我想要做的是长销书，长销就是一本书出来以后，它的生命周期长。那生命周期长的作品是靠什么来存活的？我觉得就是靠品质。"因此，在创业初期，蒲公英的发展方向是让一套书的生命周期越来越长。让童书的生命周期更长一点，成为经典，这是蒲公英童书馆追求的一个目标。2007 年出版了 30 多个品种，到现在仍然再版的有 20 多种。

正是在这样的理念影响下，蒲公英童书馆在图书编辑过程中会花很多的心思。《地图》的编辑用了六七个月，加审查的时间一共接近 1 年。5 个人用 1 年的时间编一本书，去想每一个细节，去改每一个字。最终这本书的质量也是读者们有目共睹的。

纵然"酒香不怕巷子深"，但是光靠产品自己说话，自己宣传是不够的。在图书的口碑营销中，主动地与目标读者建立联系，让他们更早地知道优质图书的存在，并成为图书的积极宣传者很重要。其中，图书预售和发布书评等都是常见的手段，除此之外，《地图》的编辑们凭借对图书品质的强大信心，还采取了其他不同的手段接近目标读者，包括在上海国际童书展进行新书发布和作者签售活动、在CCTV10的《读书》节目中让小读者分享自己阅读《地图》的感受、与必胜客连锁餐厅在"六一"儿童节举办合作活动等。在与必胜客的合作活动中，不仅有限量的购买套餐赠书活动，出版社还将图书内页设计成餐桌的垫纸，那段时间前来用餐的每个顾客都可以试读到《地图》的内容。

除出版社主动发起的口碑营销外，读者自发形成的口碑营销也对图书的销售起到积极的作用。在当当网《地图》一书收到的33.6万多条评论中，好评有33.5万多条，占了绝大多数。在网购时代，《地图》巨大的评论数和较高的好评率能够对很多家长的购书决策起到关键的作用。

### 3. 持续长久的营销策略

与一般爆款畅销书的短期爆炸式营销不同，《地图》一书的营销显得更为耐心持久。线上营销中，诸如上市前进行预售预热、上市初期微博举办书评比赛吸引阅读和购买、销售进入平稳期后的特定节日打折促销等一般常规营销活动，在《地图》一书上也有体现，在此并不赘述。为了让《地图》一书做到畅销且长销，蒲公英童书馆在努力地延长它的影响力和销售黄金期，其中最突出的就是开发《地图》的系列衍生图书。《地图》在市场上大获成功以后，蒲公英童书馆继续推出同一作者相关主题的少儿科普图书，包括《中国历史地图（人文版）》《太空》《地上水下》《谁吃谁》《MAMOKO 妈妈看！》等，先让作者的知名度逐步提升，再让作者的影响力反过来促进图书的销售。在作者后续的新书发布宣传上，《地图》也会不断被提及，这样就保证了《地图》一书的话题热度得到"保温"。同时，在网店销售中，会将《地图》与《中国历史地图（人文版）》或者《地上水下》这些同是地理题材的图书进行配套销售，销量共享。

# 四、精彩阅读

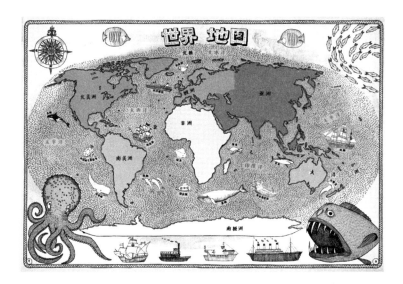

——选自《地图（人文版）》第 4~5 页

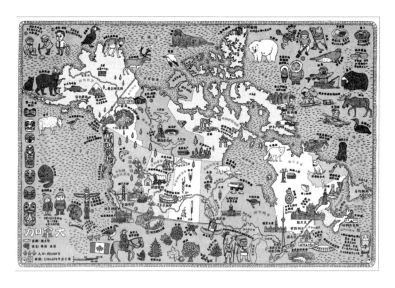

——选自《地图（人文版）》第 78~79 页

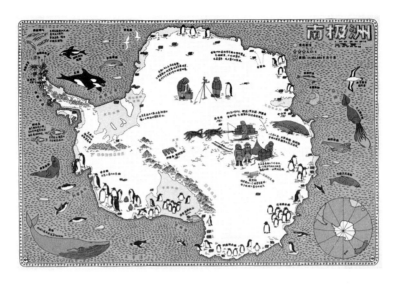

——选自《地图（人文版）》第 104～105 页

## 五、相关研究推荐

[1] 亚历山德拉·米热林斯卡,丹尼尔·米热林斯基.地图（人文版）[M].2014 年 8 月第一版.贵阳:贵州人民出版社,2014.

[2] 刘艳彬.2009—2014 年我国少儿科普图书出版研究 [D].湖南师范大学,2016.

[3] 张帆.少儿科普图书畅销元素探析 [J].出版发行研究,2015（7）.

[4] 程晓霞.少儿科普图书:学习外版图书理念 突破本土内容形式 [J].出版参考,2015（7）.

[5] 司淑娴.颜小鹂:蒲公英十周年——一个编二代的成长 [EB/OL].2016[2016 年 5 月 10 日 ],http://www.bookdao.com/article/214440/.

[6] 陈芳，李晓倩.浅谈中外畅销少儿科普图书的表现形式 [J].大众文艺,2016 (5) :272.

[7] 墨白.美国上市首日 1 万册售罄的《地图（人文版）》是如何产生的？——这对天才夫妇有问必答 [EB/OL].2016[2016 年 5 月 29 日 ],http://www.bookdao.com/article/247215/.

# "小猪佩奇"

景贵英

## 一、图书基本信息

### （一）图书介绍

书名："小猪佩奇"（第一辑）/（第二辑）

作者：英国快乐瓢虫出版公司 改编

开本：20 开

印张：1.6

定价：120

ISBN：9789900003632/9787539788852

出版社：安徽少年儿童出版社

出版时间：2013 年 /2016 年

### （二）作者简介

"小猪佩奇"动画故事书是由企鹅兰登集团下的英国快乐瓢虫出版公司改编，由安徽少年儿童出版社在中国出版发行。"小猪佩奇"系列图书是依据动画片《小猪佩奇》开发的，动画片《小猪佩奇》的版权方是 Entertainment One。

英国快乐瓢虫出版公司（Ladybird），原属于企鹅出版集团，现在是企鹅兰登书屋的一部分，以出版童书著称。目前，英国快乐瓢虫出版公司已经出版了数千本童书，图书受众分类详细并且覆盖面广泛，图书的内容涉及生活、教育、艺术等多个方面。快乐瓢虫出版的双语童书 Key Words 是比较有代表性的童书系列，其亲子共读的阅读方式受到广大读者和家长的喜欢，为童书市场开辟了一条新的路径。

Entertainment One 是一家国际娱乐公司，位于加拿大，专门从事收购、制作和发行电影与电视内容。Entertainment One 是始于 1973 年成立的一家音乐唱片发行公司，在 2003 年，扩张至电影、电视和家庭娱乐领域。公司设有电影和电视部门，在电影发行、电视和音乐制作、家庭节目编排、销售和授权及数字内容方面具有广泛的经验和优秀的专业技能。通过延伸至全球的综合网络，公司为全球提供最好的信息内容。近来的大热《爱乐之城》、斯皮尔伯格的《圆梦巨人》，以及《天空之眼》《神奇队长》和大热动画《小猪佩奇》，都是通过Entertainment One 在全球部分地区发行的。

## 二、畅销盛况

"小猪佩奇"系列图书由安徽少年儿童出版社引进并在中国大陆独家出版，截至 2017 年，该系列图书共推出 3 个品种 28 册图书，分别是"小猪佩奇动画故事书·第一辑"（10 册）、"小猪佩奇动画故事书·第二辑"（10 册）、"小猪佩奇趣味贴纸游戏书"（8 册），3 个品种累计销售超过 100 万套，销售码洋累计达1.3 亿元。

截至 2017 年 2 月，第一辑的"小猪佩奇"实体故事丛书累计销量超过1 000 万册，第二辑的"小猪佩奇"实体故事丛书第一版已经是第 15 次印刷，印刷量超过 7.5 万册，在全国电商和线下书店都同时发售。

2016 年，"小猪佩奇"系列图书的销售码洋突破 1 亿元；2016 年"双十一"期间，"小猪佩奇"系列图书销售 13 万套，销售码洋 1 560 万元；在京东 6 周年庆活动中，"小猪佩奇"系列图书获得京东图书文娱销量 TOP10 单品排名第一。

在 2017 年"六一"儿童节来临之际，亚马逊中国于 5 月 21 日发布 2017 年 1—4 月少儿图书和家庭教育图书排行榜。在动画片《小猪佩奇》热播的带动下，同名少儿书的销量也与去年同期相比增长了 4 倍有余。

## 三、畅销攻略

一本图书的畅销往往不是由一种因素决定的，而是多种因素相互作用的结果，"小猪佩奇"系列图书的畅销也不例外。"小猪佩奇"系列图书的畅销，一方面是因为图书的内容和设计适应了市场的需求；另一方面，是因为版权方和出版方的营销策略行之有效。本书将从几个角度对畅销原因展开论述。

### （一）购书受众分析

"小猪佩奇"系列图书的定位是低幼儿童读物，其简单的情节设置符合低幼儿童的阅读心理和阅读需求。而其能够畅销的主要原因还要从家长方面分析。

当下低幼儿童的家长主要是年轻的"80 后""90 后"家长，这些家长越来越重视幼儿早教。过去家长为孩子购买图书可能是从小学阶段乃至初中阶段才开始的，而近 10 年来随着少儿读物质量的提升以及亲子阅读的推广，受教育程度较高的年轻家长们更为关注孩子的早期教育，阅读年龄大大提前。同时，收入水平的提高为低幼儿童读物的广泛推广提供了可能。孩子的阅读年龄提前到 2~3 岁，对少儿读物的需求量也就越来越大。

另外，身为网络"原住民"的年轻家长们有着越来越多样化的娱乐方式，游戏、视频等产品几乎成为每天信息接收的主要方式。而随着网络的日渐普及，电子阅读成为一种重要的阅读方式，相应地，纸质图书的阅读时间大量压缩。但家长们出于对儿童眼睛等健康因素的考虑，普遍倾向于让孩子阅读纸质出版物，并不希望他们过早地接触电子产品。加上网络购物习惯和电商的完全普及，购买少儿读物方便快捷,而"二胎"政策的放开也给低幼儿童读物提供了广阔的市场。

### (二) 图书设计

在本部分中, 主要从图书的装帧设计和内容选择及设计两方面来阐述"小猪佩奇"系列图书畅销的原因。

#### 1. 装帧设计

"小猪佩奇"动画故事书是引进版图书, 在设计时版权方要求非常严格。一本书制作好后, 就要立刻送给版权方审核, 字体、颜色、Logo 的摆放位置等都是规定好的, 不能改变, 甚至细致到连图片的阴影部分都要按照它们的要求调整。严格的要求保证了图书的质量。

该书采用了颜色鲜艳的马卡龙色系, 鲜艳的颜色更容易引起低幼儿童的注意。主人公小猪佩奇是一只可爱的粉色小猪, 柔嫩的粉色既鲜艳又不夸张。对于低幼儿童来说, 鲜明的性别差异还不明显, 还没有所谓"粉色属于小女生"的概念, 所以小猪佩奇的形象可以没有差别地被所有的低幼儿童接受。

在"小猪佩奇"系列图书的每本书上添加二维码的设计, 通过扫描二维码下载官方程序, 注册之后就可以保存相关的音频。在程序中不仅包含了"小猪佩奇"中英文版的故事内容, 还包含了其他儿童图书的音频故事。这样的设计适应了当下儿童阅读的一些习惯, 通过声音的方式锻炼儿童对于声音的敏感和注意力, 同时也方便了某些工作时间较长的家长为孩子进行睡前故事。

图书的装订方式采用的是胶订方式。相较于骑马订的方式, 这样的装订方式使儿童阅读更加安全, 同时也使图书更加牢固, 有利于延长图书寿命。图书内页采用高档铜版纸印刷, 印刷的油墨是大豆油墨, 该油墨无刺激性异味、安全无毒, 对孩子的身体没有任何影响。同时, 纸张和油墨的选择也保证了油墨的流动性和着色性, 使得图片的色彩鲜艳, 而且不易掉色, 可以有效地保证阅读体验。

#### 2. 内容选择与设计

（1）主要内容

"小猪佩奇"系列图书是根据动画片《小猪佩奇》改编的系列图书。小猪佩奇是一只非常可爱的小粉红猪, 她与弟弟乔治、爸爸、妈妈快乐地住在一起。小猪佩奇最喜欢做的事情是玩游戏、打扮得漂漂亮亮、度假以及在小泥坑里快乐地跳上跳下，同时，她还喜欢探险。整体而言，"小猪佩奇"动画故事书讲述的就是生活中非常平常的小事，在一个个小故事中展现佩奇和爸爸妈妈的不同反应，不仅可以帮助孩子理解世界，而且也可以给家长教育自己的孩子以启示。

（2）内容设计

"小猪佩奇"系列图书在内容的设计上融合了中、英文两种语言，内容采用了图文并茂的展现方式。全书可以分为三个部分：第一部分，是中文的故事内容；第二部分，是英文版的翻译版本；第三部分，是故事中涉及的一些英语词汇。

中文的内容便于家长阅读，文字的阅读属于家长，图片的阅读属于孩子，这样的内容设计符合亲子阅读的需求，图文并茂的书页也有利于吸引儿童的注意力，保证了亲子阅读的效果。第二部分和第三部分的设计是为了配合中国孩子学习英语的需求，这两部分的内容是适应市场的良好体现。因此，在中文简体版"小猪佩奇"中，安徽少儿出版社的编辑特意保留了英文部分，增加了英语学习的小环节。中、英双语的呈现既能满足孩子读故事、和小猪佩奇一起快乐成长的需求，还能满足一些家庭帮助孩子学习英语的需求，这样比较接地气的本土化的改进能帮助"小猪佩奇"系列图书俘获更多中国小读者的心。

## （三）经营策略

《小猪佩奇》是国外有名的动画片，它的版权方 Entertainment One 采取的经营战略符合市场发展规律，有利于保障"小猪佩奇"系列产品的良性发展。安徽少年儿童出版社引进的小猪佩奇系列图书符合了受众的需求，但图书的畅销也与其在图书的营销方面所付出的时间和精力是分不开的。本书也将从 Entertainment One 的全产业链开发和安徽少年儿童出版社的营销策略两方面来阐述经营策略对"小猪佩奇"系列图书畅销的影响。

### 1. 全产业链开发

"小猪佩奇"系列产品是 Entertainment One 的王牌产品之一，在 2016 年为该企业带来了 11 亿美元的销售额以及 500 多个新的授权协议，"小猪佩奇"在中国的开发也同样火热。"小猪佩奇"相当于是一个大 IP，Entertainment One 在"小猪佩奇"系列产品的经营上也体现了这一点。从影视动画到衍生玩具再到图书等，通过不同形式、不同种类的产品产业链开发保证了小猪佩奇这个 IP 价值的充分体现，同时多个领域的渗透也能够保证各个产品之间的互相宣传，保证市场知名度，从而提高市场占有率。

（1）影视动画的开发

"小猪佩奇"动画故事书是中国版动画片《小猪佩奇》的影视同期书，小猪佩奇动画在爱奇艺和优酷土豆上线 9 个月时，播放量就超过 45 亿，平均每月超过 2.5 亿播放量。其后 Entertainment One 扩大了视频点播平台协议，从 2016 年 6 月起《小猪佩奇》动画也在腾讯视频和乐视上线，成为这两个平台上播放量第一的动画片；其后芒果 TV 也获权从 2016 年 8 月开始播放《小猪佩奇》的普通话版。《小猪佩奇》动画片在央视播出后，成为了 7 点档收视率第一的动画片，同时也成为了央视最受欢迎的学龄前儿童动画片。《小猪佩奇》动画片的播放量充分体现了它的受欢迎程度，影视动画中小猪佩奇的形象深入人心。影视动画的播放让小猪佩奇的受众开始了解并喜爱这个形象，为其相关衍生品，包括玩具、图书等开发了受众，做足了宣传，开拓了市场。

（2）衍生玩具的开发

"商品化权"是始于美国的一种用于保护人物形象、动画角色所使用的一项权利，在当下，对于这项权利运用得最为明显有效的是迪士尼公司。Entertainment One 在《小猪佩奇》的经营中也比较重视这一权利，该形象的衍生玩具在中国主要电商平台上也都已上市。在"天猫"和"京东"等电商平台上，获得 Entertainment One 授权的各大公司推出了多种多样的小猪佩奇衍生玩具，例如，小猪佩奇的过家家场景系列玩具、角色扮演系列和毛绒玩偶等。天猫上的小猪佩奇斜挎包总销量突破 4 万件，月销量近 2 000 件，毛绒玩具套装的总销量也在 3 万件以上。玩具已经是当下儿童必备的生活物品，通过玩具将小猪佩奇渗透进孩子的日常生活中，会在无形之中增强孩子对小猪佩奇的熟悉度，保证了小猪佩奇的形象知名度，为小猪佩奇系列产品的销售提供了有力条件。

（3）图书的开发

"小猪佩奇"动画故事书是小猪佩奇这个 IP 产业链中的一环，在该产品开发和投入中国市场时，编辑的"本土化"意识降低了"小猪佩奇"系列图书进入中国市场的阻力。图书版权方对于图书改变的严格要求和安徽少年儿童出版社的编辑的辛勤劳作保证了图书的质量。在图书投放市场之时，既有相关的影视动画，又有相关的衍生玩具，从产业链来说就比较完整，相关的营销方式也更容易取得预期效果。

（4）互联网品牌的开发

Entertainment One 在"小猪佩奇"系列产品的开发中还不断扩展互联网品牌，通过一系列社交和线上互动内容形式培育小猪佩奇的品牌。Entertainment One 建立了小猪佩奇的微信公众账号，用于发布最新的新闻和活动预告。Entertainment One 还开发了"小猪佩奇绘画盒"(Peppa's Paintbox) 和"小猪佩奇活动制作器"(Peppa's Activity Maker) 两款 APP，2015 年年底在苹果商店上线以来分别有超过 20 万和近 40 万的下载，中国地区也成为了小猪佩奇 APP 下载量最大的地区。

整体而言，"小猪佩奇"动画故事书只是"小猪佩奇"这个 IP 产业链中的一环，从经济效益来说，这一环节的盈利并不是最好的，但市场的反响足以证明其社会效益远远高于其经济效益。而放眼整个产业链来说，每一个环节的发展都有至关重要的作用，每一个环节都可以独立进行，但彼此之间也会相互影响。"小猪佩奇"动画故事书的热销很明显就是产业链各个环节共同作用的结果，仅仅从产业链的图书这一个环节是很难保证市场知名度和市场占有率的。

### 2.营销策略

"小猪佩奇"系列图书引进的初期，其在中国的知名度还不是很高，国内家长还只能在网络上看到这部动画片，所以图书出版的前两年，销量一直比较平稳，安徽少年儿童出版社在图书营销方面也没有太过关注。随着动画片在中央电视台及各大网站的播出，"小猪佩奇"被中国小朋友和家长熟知，安徽少年儿童出版社营销团队也快速反应，通过多种营销方式来推动图书销量。

首先，制定周密的营销计划。通过数据分析，安徽少年儿童出版社认为，"小猪佩奇"系列图书的关注度有逐步提升的趋势，于是，在 2017 年年初就把它列为社内重点推广产品。

其次，通过多种渠道宣传图书，增强市场知名度。从 2017 年 3 月开始，安徽少年儿童出版社的编辑和营销发行人员就紧密配合，共同商讨营销卖点，共同确定文案，先后通过官方微信、微博、QQ 群等多种媒介及时传递配套动画和图书在国际、国内的反应，从而获得了经销商和消费者的高度关注。

再次，利用电商渠道宣传销售图书。2017 年 3 月底在天猫聚划算板块，"小猪佩奇"系列图书在短时期内就卖出了近万套。有了这个成果，接下来好几家"天猫"经销商主动联系安徽少年儿童出版社，都想主推这套书。安徽少年儿童出版社的北京营销中心团队顺势制定了适合"天猫"渠道的销售策略，制定限价规定，让大家都统一售价，不打价格战，保证合理的利润空间，让大家都保持了较高的推广积极性。之后，它们又联系"当当""京东"等平台，争取资源位，持续做专题，保证市场热度。

然后，充分利用书城和书展。安徽少年儿童出版社充分利用上海书展、江苏书展等人气较高的展会和北京图书大厦、上海书城等大书城，重点陈列、展示"小猪佩奇"系列图书，并在有条件的地方播放同名动画。通过书展和书城展示的方式进行线下宣传，与线上营销相互补充、相互映衬，保证了"小猪佩奇"系列图书的销售效果。

最后，利用自媒体渠道进行图书营销。2016 年被称为"直播元年"，在这一年自媒体被引入大众视线，也逐渐成为一种有效的宣传路径。早在 2016 年，安徽少年儿童出版社就开始利用大热的社群渠道，为"小猪佩奇"系列图书销售添砖加瓦。在 2016 年 7 月底中央电视台播放《小猪佩奇》动画片之时，安徽少年儿童出版社就在微信公众号"妈咪 OK""妈妈在一起""文怡家常菜"等平台以持续"开团"的方式将"小猪佩奇"系列图书的销量推上新的台阶，使这套书成了 2016 年下半年的网络明星脸。

综上，安徽少年儿童出版社在"小猪佩奇"系列图书的营销上采用的是多种渠道并行的方式，通过多种途径广泛宣传。同时采用线上、线下相结合的销售方式，方便了广大家长购买图书；采用薄利多销的营销理念，通过限时折扣的方式促进了图书的销售。

目前，由于企鹅兰登集团方面对于安徽少年儿童出版社工作的认可，双方已经从单纯的版权合作上升到共同研发选题。安徽少年儿童出版社也非常期待在做强"小猪佩奇"系列图书的基础上，还能在时代少儿出版集团的平台上与"小猪佩奇"形象版权方展开更为宽广和深入的合作，以"小猪佩奇"的品牌为依托，进行内容、形式和渠道的产业链延伸，让这个品牌在中国扎根、成长、发展。

## 四、精彩阅读

"佩德罗，你为什么要戴眼镜呢？"佩奇问。

"因为我必须要戴呀。"佩德罗回答，"这是我爸爸说的，我爸爸是验光师。"

"验光师是干什么的？"佩奇很好奇。

佩德罗解释说："验光师检查你是否看得清楚，他给你测视力。"

佩德罗问佩奇："要我给你查一下视力吗？"

佩奇同意了，佩德罗凑到她眼前。

"嗯，有意思！"他一本正经地摸着自己的下巴说，"闭上一只眼睛，告诉我你能看到什么？"

佩奇说："我能看到乔治。"

"现在，把两只眼睛都闭上。"佩德罗命令佩奇。

佩奇把两只眼睛都闭上了。

"我什么都看不到了。"佩奇说。

"嗯，什么都看不到了。非常非常有意思……"佩德罗说，"我认为你需要戴眼镜啦！"

不久，佩德罗该回家了。

他和朋友们挥手告别，跟着妈妈一起回家了。

——选自《佩奇的第一副眼镜》

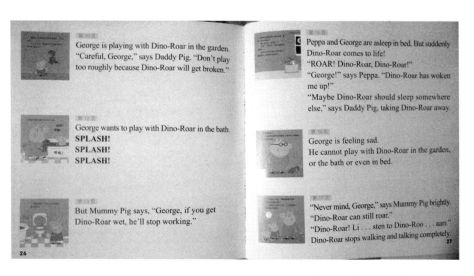

——节选自《乔治的新恐龙》

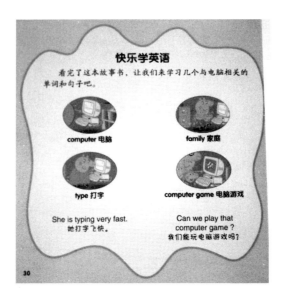

——选自《佩奇家的电脑》

# 五、相关研究推荐

[1] 张文红. 畅销书理论与实践 [M]. 北京：中国传媒大学出版社，2011.

[2] 张文红，李惠惠，雷蕾. 畅销书案例分析 [M]. 北京：知识产权出版社，2015.

[3] 李昔. 英国动画片《小猪佩奇》的最童话策略 [J]. 电影评介，2017(6):86-88.

[4] 小猪佩奇"抢"来的版权成销量冠军 [EB/OL]. http://www.ce.cn/culture/gd/201701/05/t20170105_19403304.shtml.

[5]《小猪佩奇》系列码洋超过 1 亿元，但本土少儿动漫图书仍在努力 [EB/OL]. http://www.jiemian.com/article/1241759.html.

# 《天才在左 疯子在右 [ 完整版 ]》

王瑶

## 一、图书基本信息

### （一）图书介绍

书名：《天才在左 疯子在右 [ 完整版 ]》

作者：高铭

开本：16 开

字数：330 千字

定价：39.80 元

书号：9787550263932

出版社：北京联合出版公司

出版时间：2016 年

### （二）作者简介

高铭，畅销书作家，著有《天才在左 疯子在右》《催眠师手记》《人人都能梦的解析》及《谋杀记忆》等作品。编译过《梦的解析》，其成名作《天才在左 疯子在右》曾获 2010 年度国家图书馆文津奖提名。

高铭生于 20 世纪 70 年代的北京。初二时由于某种原因辍学，尽管学业没有完成，但是他对未知的事物总是充满了好奇和探索的欲望，无论是自然科学、人文科学还是社会科学都能激起他的兴趣和探索精神，自认为死心眼、一根筋，从学龄前就已经有了至今仍然挂在嘴边的口头禅是"为什么？"，成年后曾一度沉迷于宗教、哲学、量子物理、非线性动力学、心理学、生物学和天体物理等学科。21 世纪以来又开始对精神病患、心理障碍者以及边缘人的内心世界产生了强烈好奇。2004—2008 年，通过各种渠道，利用所有的闲暇时间，探访精神病院、公安部等机构，对"非常态人群"进行近距离访谈，每一次走访和谈话他都记录在册，以自己的视角解读精神病人。

　　经过整理，2010 年 2 月在武汉大学出版社出版了《天才在左 疯子在右》。这本书采取访谈录的形式对处于精神边缘的人进行了跟踪调查，共选取了 48 个案例，作者通过与这些所谓的精神病人的谈话，了解他们眼中的世界。2016 年 1 月，又由北京联合出版公司出版了《天才在左 疯子在右 [ 完整版 ]》，该版本新增 10 个未曾公开的章节。该作品深刻反映了人文关怀的时代主题，也是中国第一部关于精神病人的访谈手记。

## 二、畅销盛况

　　《天才在左 疯子在右 [ 完整版 ]》是高铭沉淀 5 年后进行增补和修订的全新版本，带着 10 个从未公开的新篇章，再次与大家见面。2016 年 1 月出版，上市 12 个月，销量突破 200 万册，长期居各大畅销书排行榜第 1 名。自 2016 年出版至今仍占据"京东"心理学销售榜第 1 位；"当当"心理学榜排名第 1 位；2017 年亚马逊中国第一季度纸质图书榜前 10 位；"开卷"非虚构类排名第 4 名。据"开卷"数据显示，《天才在左 疯子在右 [ 完整版 ]》在开卷非虚构类连续在榜 33 次，累计上榜 33 次，上榜最好名次为第 1 名。这些数据都足以说明《天才在左 疯子在右 [ 完整版 ]》不仅是一本畅销书，也是一本长销书。

　　当当发布的 2016 年国民阅读报告显示，《天才在左 疯子在右 [ 完整版 ]》成为 2016 年读者最爱的 10 本书之一，悬疑心理系列成为 2016 年的阅读热点。

　　作者高铭踏遍大半个中国，在 16 个城市，包括北京、天津、上海、杭州、南京、长沙、南昌等，举行了 35 场活动，场场爆满，该书的火热程度可见一斑。

## 三、畅销攻略

### （一）畅销从选题开始

#### 1.选题内容新颖

随着每年出版书籍数量的增多，图书选题"同质化"的问题日益严重，出版市场跟风现象越发突出，出版商以"利"字为导向，在选题上缺乏创新，而市场的压力也导致很多图书策划编辑不敢放开手脚提出新颖的选题。但往往高风险意味着高收益，在大环境是一味模仿的情况下，如果出版人能做到放开思维，敢于创新，做到"同质化"的反面，也就是"异质化"，能够追求个性化、差异化、特色化，那么，这样的选题一旦得到市场的认可就能够在激烈的竞争中取得优势。

另外，作为出版者不仅需要迎合市场和读者的需求，还应该站在更高的层次去潜移默化地引导市场和读者。一个新颖的选题意味着给读者和市场一个全新的信息和认知，如果能够得到认同，那么出版者这方便成为了话题中心，自己将自己制造成了热点。

《天才在左 疯子在右[完整版]》作为国内第一部精神病人访谈手记，这个选题涉及了两点新颖的内容：第一，关注的人群。精神病人作为社会的边缘人物在普通人心中是疯狂、暴力、恐怖等的代名词，整体趋向一种消极，也很少被人关注和提及，但这本书采用了一个新的视角，给了普通大众一次新的机会去认知这个特殊群体，极大地满足了人们的好奇心。第二，文学形式。访谈手记，从字面意思理解是对人物进行采访时留下的记录。严格来说这本书应划归为纪实文学，这是一种新兴的文学样式，它以真人真事为基础，可以有一定的虚构性，但对虚构有一定的限制。这种文学形式本身就是很新颖的，它的出现给了读者一种全新的阅读感受。

#### 2.契合了当下的社会热点——心理学

自21世纪初以来，随着人们生活水平的日益提高，人们基本的物质需求得到了满足，与此同时，生活节奏加快，来自生活和工作乃至家庭的压力越来越大，因此，人们越来越开始关注心理的健康与发展。在这种环境下，心理学得到了快速发展。

在当当网中输入"心理学"关键词，出现的图书商品信息高达 51 293 条；在亚马逊网中输入"心理学"关键词，出现的图书商品信息共 28 135 条；在京东网中输入"心理学"关键词，出现的图书商品信息超过 5 900 条。

这些数据都说明心理学这一选题成为当下的一个社会热点，所谓的社会热点正是人们关注的点和兴趣所在。因此，对于出版者来说，及时策划出与社会热点和读者关注点相契合的图书以适应读者的心理需求和阅读趣味，就可以在同一时期的竞争中占得先机，抢占市场份额，也有利于扩大整个图书品牌的市场占有率。

### 3. 弥补了市场空白

《天才在左 疯子在右 [ 完整版 ]》是国内第一部精神病人访谈手记，"第一部"就足以说明该选题策划抓住了市场的盲点，及时弥补了这块市场空白。

虽然每年的图书选题犹如过江之鲫，但读者的兴趣和爱好以及关注点是随着社会发展的变化而不断变化的，有变化就意味着有新的市场空白点产生，对于出版者来说，及时、科学地进行市场调查，不断追踪读者的心理需求，刻苦钻研图书市场可能存在的市场空白，适时地推出能够弥补空白的相应书籍，那么就能够在第一时间抢占市场的制高点，从而取得经济效益和社会效益的双丰收。

## （二）把书名作为一种营销手段

井狩春男说"仅靠书名就能成就畅销书"，这是有道理的。

一本书无论是在线下实体店销售还是线上网络销售，最开始被读者看到的都是书名，也就是说一本书给读者的第一印象是由书名提供的，尤其是陈列在书架上的书，读者只能看到书脊，因此书名更是成为唯一能吸引读者注意力的凭借。这也是为什么将突出书名作为封面设计核心原则的原因。

当一本书的宣传期过后，少了报道，没有了书评、访谈和专题时，书籍的透明度随之降低，这时候书名却是一直存在的，也依然在行使"说服"的功能。读者依然以书名为依据，来判断这本书是不是他所需要的。

通常人们会认为一本书的书名应该反映书的内容，但从营销的角度来说，书名更应该体现卖点，它需要给读者一个去买这本书的理由。

《天才在左 疯子在右 [ 完整版 ]》，首先在本质上它完美地概况了书的内容；从营销的角度看，它能很成功地引发读者的好奇心，在每年如此众多的出版图书中，消费者的注意力成为最为稀缺的资源，因此，引发起读者的好奇心就等于吸引了消费者的注意力，也就有更大的可能性被消费者购买。

### （三）语言风格通俗易懂，但逻辑强大

心理学是由国外传入中国的，由于发展起步较晚，因此哪怕现在已逐渐被人所重视，但仍然会给人曲高和寡的感觉，无论是弗洛依德的《梦的解析》抑或荣格的《意识的起源》都令人觉得语言晦涩难懂，专业性太强，这就造成一个很高的专业壁垒，令很多的普通大众对心理学望而却步，也就使得心理学类的书籍所针对的受众面极为狭窄。

《天才在左 疯子在右 [ 完整版 ]》这本书打破了这种语言壁垒，整本书的行文语言非常浅显易懂，深入浅出地对心理学有了一个比较全面的涉及，与此同时，就如心理学是一门交叉学科一样，这本书也涉及多学科知识的交叉，包括生理学、心理学、佛学、宗教、量子物理、符号学，等等。

虽然语言朴素，但并不妨碍整本书逻辑性的强大，尤其是读到精神病人讲解各种他认为的观点时，其缜密的分析、强大的逻辑序列都会让人有如观看《盗梦空间》这类烧脑片一般畅快淋漓，读者会跟随书中人物的思路去辩证地思考，用自己的理智和知识去判断，最终得到一个同意或者反驳书中观点的结论。这整个思考的过程是市面上绝大多数书籍绝对无法给予读者的。

### （四）营销策略全面且有效

#### 1. 作者现身，引发读者热潮

作者，是图书出版过程中的重要资源。出版商们都会有意识地包装作者，使作者明星化，进而吸引大量粉丝。传统的作者营销策略包括：新闻发布会、新书研讨会、签名售书。对于畅销书作家来说，他们越来越倾向于去高校或者在公开场合进行免费的讲座，或是去电台、电视台做访谈节目，跟受众面对面

地进行沟通，并接受报纸、杂志的独家专访。

《天才在左 疯子在右 [ 完整版 ]》的作者高铭，为宣传图书在全国 16 个城市先后举办 35 场活动，足迹踏遍大半个中国，涉及的城市包括：北京、天津、上海、杭州、南京、长沙、南昌等，活动场场爆满，产生了巨大的反响。这种方式让读者近距离地与作者沟通，产生交集，了解书籍创作的过程，也能使读者感受到作者的个人魅力，从而提高读者的忠诚度，使图书的透明度更高。

### 2. 名人效应，粉丝效果明显

在全社会娱乐化的大环境下，公众人物也就是所谓名人的号召力是十分巨大的，往往名人的一句话就会带来大量粉丝的跟随，带来普通营销手段无法比拟的图书曝光度，众多的粉丝以追随自己偶像的脚步为目标，自己所喜欢的名人的每一句话，乃至每一个动作都在一定程度上影响着他们的选择，因此，一本书能够得到众多明星的加持，其实现的粉丝效应是难以估量的。

《天才在左 疯子在右 [ 完整版 ]》这本书很受名人青睐。高圆圆力荐，谢娜对其爱不释手，也是陈乔恩的心头好。胡歌说："这本书彻底把我打开了，好喜欢，里面的每一个案例都让我看得欲罢不能。里面有一个观念让我特别认同，他说精神病院的这一堵墙，把所谓的正常世界和那个世界隔开了。但是真正哪一个世界才是正常的？这句话就特别能够击中我。"李宇春也说："我喜欢看一些不太正常的书，最近看了一本《天才在左 疯子在右》。"有了这些名人的力荐，《天才在左 疯子在右 [ 完整版 ]》这本书的透明度就不是普通畅销书所能够比拟的，还有每一个名人自带的大量忠实粉丝，也都成为了该书的潜在消费者。

因此，无论是哪本畅销书在营销的过程中能与名人产生联系，那么它的营销效果一定是事半功倍的。

### 3. 影视的放大作用，相互促进

影视一直都被视为经济效益的最好放大镜，它能够很好地将经济效益变现。就电影来讲，票房和植入广告费都是很直观的收益；而对于电视来说，点播率伴随的是大量的广告费，因此，目前市场上好的 IP 动辄便值上百万元。而影视对于原著实体书的销售来说也是有很大推动作用的，以近年热映的《嫌疑人 X 的献身》来说，正是因为电影的热映，才使得实体书的销量冲上了新高；又如《三生三世十里桃花》的热播，使得原著小说也重新在市场上引发了销售的热潮。影视与原著是可以相互衍生、相互加持、相互促进的。

《天才在左 疯子在右 [ 完整版 ]》也衍生了一部同名网络剧，由应采儿首次出任监制，会集了陈小春、柯有伦、李灿琛、钟丽缇、秦沛、关智斌等众多演员。它退去了传统现代剧情感纠葛的特点，通过与"非常态人类"的近距离访谈，以疯狂又强大的理论架构作为本剧的有力支撑，提供给受众一个全新的思考角度，带领观众去重新审视世界的本来面目，可以说是一部颇具新意的烧脑巨作。这部巨作造成的反响效果非常热烈，首播当日便创同时段最高收视率。

《天才在左 疯子在右 [ 完整版 ]》作为一本很优秀的原著 IP，其本身的热度和知名度就为影视的改编加了道保险；反过来，一部产生很好社会反响的影视剧，也有利于提高原著的销售量，因此，该书一方面有影视作为放大镜；另一方面，又与影视相互促进、共谋发展。

### 4.利用多种媒体进行全方位立体营销

在多媒体盛行的时代，各种媒体交织，而对于大众来说，对媒体的依赖程度越来越高，现代社会随处可见人们利用、浏览媒体的行为，因此，在媒体高度发达的现在，媒体的力量是不可低估的。而作为一本畅销书来说，其性质决定了它是一种消费产品，较之教材、学术书籍，其可替代性很高。对大众来说所谓消费产品的购买往往伴随着极大的随机性和冲动性，在这种情况下，要做到在特定时间内最大程度地提高图书的透明度，让更多的消费者知道这本书，从而提高图书被选择的概率。基于这种需求，就需要利用多种媒体对图书进行全方位立体的营销，产生一种集中轰炸式的效果。

对于畅销书而言，利用新闻发布会、新书推介会、书评、参加电视节目、参与广播节目等进行宣传是最为常见的方式；与此同时，新媒体、自媒体的力量更是不容忽视，包括两微一端的媒体模式，利用微博上大 V 转发图书相关信息、开展热点话题、启动线上线下活动等；在微信上，利用公众号推送大量软文或者优质内容文章，甚至图书内容段落选读、书评、荐书消息等；在 APP 端，可以自己建设内容平台，进行相关宣传，也可以通过第三方端口进行宣传营销，例如，豆瓣、ONE 等。同时，知乎、天涯等相关论坛也可以开展相关话题的讨论，凝聚读者圈，产生社区效应，最终达到的目的便是在提高图书曝光度的同时提高读者数量和黏度。

《天才在左 疯子在右 [ 完整版 ]》在利用媒体方面就做得非常到位，仅以新闻相关方面为例，笔者在写作本文时，在搜狗新闻搜索中输入"天才在左 疯子在右"便能找到相关新闻 1 095 篇；百度新闻找到相关新闻 717 篇；而在知乎论坛上，关于该书的问题超过 184 个，持续关注的受众达 3 488 个。这些数据都说明，该书在全媒体营销方面执行得非常立体有效。

### （五）具有社会意义，引发读者思考

一本好的书应该具有引导读者去思考的作用：它让读者正视社会中存在但一直被读者忽略的问题；它也许给读者提供了一个新的观察世界、看待问题的视角；它也可能在价值观的层面能够给读者引发思考的契机。这些都是一本好书所应该追求的社会意义，反过来也是去评价一本书的一个标尺。

《天才在左 疯子在右 [ 完整版 ]》便是这样的一本书。首先，它关注了社会中被边缘化的人群——精神病人，这个群体很特殊，但却也是这个社会中的一员，而往常的社会舆论使绝大多数人对这类人很少抱有善意，甚至是谈之色变，唯恐避之而不及。而这本书给读者提供了一个新的视角来认识这类人，让我们了解到，他们拥有着常人所不及的专注力和执着力。这本书的一个主旨便是"尊重"，高铭说："我在写一个大悲剧。他们知道的很多东西很了不起，但是他们没有释放出来，你不能了解到他们的目的，我跟他们接触很多，并没有看不起他们，我很尊重他们的存在，但不代表我认同。"这本书传达一个价值观：精神病人与我们同为人，我们可以不认同他们的观点，但应该对他们及他们的观点保持基本的尊重。

这本书给读者提供了一个思考自身的机会，正如高铭所说，他不愿让这本书给读者带来什么，而是希望读者能忘掉一切——人生若只如初见。当我们刚来到这个世界上时，我们对这个世界充满好奇、喜欢质疑一切，每天都会有各种奇思妙想，然而随着长大，我们学会了压制自己，学会了顺从，学会了隐藏自己。高铭说，他希望有一天人们可以像一个初识世界的孩子那样，可以放肆地哭、痛快地笑，心无旁骛地认真摆弄自己所感兴趣的一切，并且睡前满怀热忱地期盼每一个明天。

一本书有这样正能量的价值观，是符合社会主流文化的要求的，也是符合大众读者的需求的，因此，更容易被读者所接受，更容易被主流社会所推崇。

## 四、精彩阅读

他："其实我们都是思维生物，除了空间外，在时间轴上我们也存在，只是必须遵从时间流的规律……这个你听得懂吧？"

我："听得懂……"

我身后的量子物理学教授小声提醒我："就是因果关系。"

他："对，就是因果关系。先要去按下开关，录音才会开始，如果没有人按，录音不会开始。所以说，我们并不是绝对的四维生物，我们只能顺着时间六推进，不能逆反，而它不是。"

我："它，是指你说的'绝对四维生物'吗？"

他："嗯，它是真正存在于四维中的生物，四维对它来说，就像我们生活在三维空间一样。也就是说，它身体的一部分不是三维结构性的，是非物质的。"

我："这个我不明白。"

他笑了："你想象一下，如果把时间划分成段的话，那么在每个时间段人类只能看到它的一部分，而不是全部。能理解吗？"

我目瞪口呆。

量子物理学教授："你说的是生物界假设的绝对生物吧？"

他："嗯……应该不是，绝对生物可以无视任何环境条件生存，超越了环境界限生存，但是思维生物的界限比那个大，可以不考虑因果。"

——节选自《思维虫子》第 16～17 页

他："男女差别不仅仅是这么简单的！男人的 X/Y 当中，X 包含了两三千个基因，是活动频繁的，Y 才包含几十个基因，活动很少！明白吗？"

我："呃……不明白……这个不是秘密吧？你从哪儿知道的？"

他一脸恨铁不成钢的表情："我原来去听过好多这种讲座。你们真是笨得没有话说了，难怪女人要灭绝咱们！"

我实在想不出这里面有什么玄机。

他叹了口气："女人最后两个染色体是不是 X/X？"

我："对啊，我刚才说了啊……"

他："女人的那两个 X 都包含好几千个基因！而且都是活动频繁的，Y 对 X，几十对好几千！就凭这些，差别大了！女人比男人多了那么多信息基因，就是说女人进化得比男人高级多了！"

我："但是大体的都一样啊，就那么一点儿……"

他有点儿愤怒："你这个科盲！人和猩猩的基因相似度在 99% 以上，就是那不到 1% 导致了一个是人，一个是猩猩。男人比女人少那么点儿？还少啊！"

看着他冷笑，我一时也没想好说什么。

他："对女人来说，男人就像猩猩一样幼稚可笑。小看那一点儿基因信息？太愚昧！低等动物是永远不能了解高等动物的！女人是外星人，远远超过男人的外星人！"

——选自《女人的星球》第 101~102 页

她缩了缩身体，头也不抬地打断我："你知道宗教仪式中有一种处刑方式叫'摄魂'吗？"

"什么？"我听明白了，之所以还要问是因为诧异。

她："就是把人捆在椅子上，然后用三面很大的镜子围住。"

我："好像听说过……"

她："每天一次有人来给犯人灌食，那期间用黑布遮住镜子，时间很短。"说到这儿她停了好一会儿，呆呆地盯着手里快烧尽的烟，"然后，最长也就一星期多点，犯人要么疯了，要么死了，要么半生半死。"

我："半生……什么是半生半死？"

她："人在，魂魄不在，就算被放了也一样。不会说，不会做，不会想，怕黑、怕光、怕一切。"

——选自《镜中》第 149~150 页

他："估计你没想起来，象形文最具代表性的是中文数字啊：一横代表 1，两横代表 2，是不是？"

我缓过神来了："哦，对。"

他："知道这个就好办了，玛雅文入手，也从数字好了。观察那些碑刻铭文后，找到线索了。一个点代表 1，两个点代表 2，以此类推，但是没找到 5 个点，那就一定有一个新的符号代表着数字 5。最简单的，又有代表性的，就是横向排列的五个点融合了，成为了一个横杠。玛雅文中，一个横杠，就代表着 5。"

我："一个横杠加上一个点，代表数字 6？"

他："没错，就是这样。"

我："有意思，真有意思！"

他："其实这就是符号学的部分内容，并不枯燥，可能是最后那个'学'字，让很多人望而生畏吧。我们接着说。知道了数字，接下来就可以研究数字前面或者后面的那个文字了。大多数情况下，那通常会代表日期。当然不否认雕刻上有表述其他内容的数字的可能，但是你别忘了，在纪念性质的建筑上，总不能通篇记载这是 100 只猴子，那是 100 个人吧？总得有日期对吧？拆分解读了那些象形文的日期，也就是有了开始。慢慢来，总会解读更多的基础符号的，于是……"

——选自《还原一个世界——前篇：遗失的文明》第 294 页

他："才不是呢。每一个棋子，都有自己特定的位置，有自己特定的功能，少了一个，会出很大的问题，少了一个甚至全盘皆输。你作为一个棋子，要真正看清自己的位置，你才会明白到底怎么回事儿，也就是所谓全局。我再说一遍：我坚信所有的历史、所有的辉煌，绝对不是聪明人创造出来的，都是普通人创造出来的。而聪明人需要做的只是看清问题所在，顺应一个潮流罢了。实际上，那个聪明人即使不存在，也会有其他聪明人取代。但是，那些普通人，是绝对无法取代的。"

我："明白……了。"

他："就拿我来说，我智商高，我聪明，有什么用呢？我对于找到自己的位置这个问题很迷茫，所以我对于一些事情的看法很极端，虽然医生说我快好了，说我快出院了，可我明白需要很大的努力才能适应一些问题，需要很大的努力才能面对一些问题。为什么？因为我曾经对于自己的智商扬扬自得，甚至目空一切，我失去了我作为一个棋子的位置。如果我是超人，能不吃不喝，那也就无所谓了，至少我有资本得意。可实际上，我还是站在地上，还是在看着天空，我被自己的聪明耽误了而已。聪明对我来说，是个累赘了，因为，聪明不聪明，其实不是第一位重要的，第一位重要的是自己要能够承担自己的聪明和才华！否则都是一纸空谈，也就是所以我现在在精神病院。"

——选自《棋子》第 319 页

　　我想了几秒钟，也就几秒钟："你说的那个矛盾，是一种孤独感。虽然为此痛苦不堪，但是又尽力维护着那种孤独感。经常是处在一种挣扎状态：既希望别人关注、关心自己，又不知道该怎么去接触和回应别人，于是干脆直接抗拒。可是骨子里又是那么地渴望被了解，渴望被理解，渴望被关注……"

　　这次轮到她打断我："哪怕会后悔，也是继续坚持着去抗拒，而且矛盾到嘴里说出来的和心灵想的完全相反。"

　　我突然有一种找到同类的感觉，你是我曾经期待过的，但是从未得到过。大多数时候，我甚至觉得找到一个同类简直就是天方夜谭，因为有些东西太深，还是自己藏起来的，没人能触及。

——选自《灵魂深处》第 327~328 页

## 五、相关研究推荐

[1] 李鲆. 畅销书营销浅规则——成就畅销书的 100 个营销细则 [M]. 北京：世界图书出版公司北京公司，2013.

[2] 高欣. 论我国畅销书的市场运作及其机制革新 [D]. 南京：南京师范大学，2005.

[3] 陈清华. 天才在左 疯子在右 心灵在中——走出《天才在左 疯子在右》中的心灵挣扎 [J]. 南腔北调，2016（2）.

[4] 陈静. 高铭："与精神病人聊天也是我的乐趣" [J]. 大武汉，2016（1）.

[5] 张勤坚. 不读闲得慌看了人发狂——推荐阅读:《天才在左 疯子在右》[J]. 中国信息技术教育，2017（2）.

[6] [美] 大卫·科尔. 图书营销全攻略 [M]. 北京：中国人民大学出版社，2010.

[7] 付婉莹. 论畅销书营销的宣传策略 [D]. 华东师范大学，2006.

[8] 张桃. 基于方法论视角下的《天才在左 疯子在右》作品解析 [J]. 雪莲，2015（2X）.

[9] 刘巾. 我国畅销书整合营销传播策略分析 [J]. 出版广角，2017（2）.

[10] 张维. 我国畅销书整合营销传播策略研究 [D]. 重庆大学，2009.

# 《时间简史》

刘晶晶

## 一、图书基本信息

### （一）图书介绍

书名:《时间简史》（插图版）

著者:［英］史蒂芬·霍金

译者:许明贤、吴忠超

开本:16 开

字数:171 000 字

定价:45 元

ISBN: 9787535732309

出版社:湖南科学技术出版社

版次:2017 年 1 月第 1 版第 40 次

### （二）著者简介

　　史蒂芬·霍金（Stephen William Hawking），是有史以来最杰出的科学家之一，被誉为是继阿尔伯特·爱因斯坦之后最杰出的理论物理学家。他提出宇宙大爆炸自奇点开始，时间由此刻开始，黑洞最终会蒸发，在统一 20 世纪物理学的两大基础理论——爱因斯坦的相对论和普朗克的量子论方面走出了重要一步。

　　史蒂芬·霍金，1942 年 1 月 8 日出生于英国牛津，1959 年 17 岁的霍金入读牛津大学攻读自然科学，用了很少时间得到一等荣誉学位，随后转读剑桥大学研究宇宙学。1963 年，他不幸被诊断患有肌肉萎缩性侧索硬化症即运动神经细胞病。当时，医生曾诊断身患绝症的他只能活两年。1965 年，他取得了博士学位留在剑桥大学进行研究工作。

　　疾病使霍金被禁锢在轮椅上，只有 3 根手指和两只眼睛可以活动，他的身体严重变形，头只能朝右边倾斜，肩膀左低右高，双手紧紧并在当中，握着手掌大小的拟声器键盘，两脚则朝内扭曲着，嘴几乎歪成 S 形，只要略带微笑，马上就会现出"龇牙咧嘴"的样子。这已经成为他的标志性形象。他不能写字，看书必须依赖一种翻书的机器。读活页文献时，必须让人将每一页平摊在一张大办公桌上，然后驱动轮椅如蚕吃桑叶般地逐页阅读。他在手术过后的几天里写下了世界名著《时间简史》，奇迹般地活了下来。在往后的数十年里逐渐全身瘫痪并失去了说话能力，演讲和问答只能通过语音合成器来完成。

2018 年 3 月 14 日，斯蒂芬·霍金去世。

## 二、畅销盛况

史蒂芬·霍金著的《时间简史》自 1988 年首版以来，已经被译成 40 种文字，销售超过 2 500 万册，成为全球科学著作的里程碑，创造了出版史上的奇迹。霍金教授在 1996 年为《时间简史》插图本（增订本）写的前言中说："我以为没有一个人，包括我的出版人、我的代理人甚至我自己能预料到，这本书会卖得这么好。它荣登伦敦《星期日泰晤士报》畅销书榜达 237 周之久，这比任何其他书都长（《圣经》和莎士比亚的书当然不算在内）。它被翻译成 40 多种语言，并且在全世界每 750 名先生、女士及儿童中都有一本。"

2016 年 2 月 12 日，各大媒体都发出了一条大消息：科学家探测到了引力波的存在。接着，网上跟进了若干篇相关的科学资料，所配发的两张关键图片在 20 年前的《时间简史》插图本中都可以找到原型。一张是关于广义相对论描述的时空弯曲的图片，其原型在书中第 19 页；另一张是说明引力波产生的图片，其原型在书中第 116 页，其所附加的文字预言："由两个像上图所表示的相互公转的恒星甚至黑洞可以产生强烈的引力波。"仅这一件事就充分体现了《时间简史》一书的科学价值和前瞻性。史蒂芬·霍金的《时间简史》再度热销，成为数不多的科普长销书。

1992 年 12 月湖南科学技术出版社以"第一推动力丛书"第一辑——《时间简史：从大爆炸到黑洞》（译者：许明贤、吴忠超）的书名出版。这个版本即是成为畅销书及长销书的版本。自 1992 年湖南科学技术出版社出版《时间简史》以来，不断推出新版本。现最新版本为 2017 年 1 月湖南科学技术出版社出版的《时间简史》（插图本）第一版。之后，又不断推出以这些版本为基础的珍藏版、周年版等。此外，还出版了一系列史蒂芬·霍金的其他著作和演讲集。

## 三、畅销攻略

### （一）选题定位明确，符合市场需求

#### 1. 正确的出版理念引导

现代市场营销观念认为：消费者或用户需要什么产品，企业就应当生产什么产品。并且强调企业提供什么产品，不仅要符合消费者的需要，而且还要符合消费者和社会的长远利益。《时间简史》畅销的版本由湖南科学技术出版社出版，它作为"第一推动丛书"其中的一册，累计印数达上百万册，屡获各项奖励，不仅创造了良好的社会效益和经济效益，更重要的是，"第一推动丛书"已经成为科普出版领域的一个品牌，变成了湖南科学技术出版社一种极为难得的无形资产。它在市场上不俗的表现，正是正确的出版理念引导的结果。

#### 2. 填补市场空白

20 世纪 90 年代初，国内的科普出版基本上还是在介绍较浅显的科学概念和实用技术范围内徘徊，往往只注重讲述单纯的技术问题或罗列知识资料，而对传播科学精神、提高全社会的科学素养关注不够。因此，真正关注科学精神的传播和帮助理解科学内涵的图书，以及普及科学思想、弘扬科学精神的图书非常少。通过对各个层面广泛的社会调查，湖南科学技术出版社发现，对读者来说，这种与人文精神和科学精神结合的科普读物实在是必不可少的。

"哪里有消费者的需要，哪里就有我们的机会"。湖南科学技术出版社秉承这样的出版理念，开发和策划了一套不同于一般的介绍概念和技术的高级科普图书，使它真正地进入市场，走进读者的阅读视野，填补了市场的真空地带。而这一时期，国内与大众较为接近的宣传科学方法、科学精神、科学与人文精神紧密结合的科普作品却难以找到。鉴于国内当时的出版状貌和潜在的市场需

求，湖南科学技术出版社决定走"洋为中用"的引进之路，把视野拓宽，在全世界范围内"搜索"，引进世界著名科学家写就的里程碑式的经过市场考验的科学著作。

### （二）文本特色显著，插图本功不可没

#### 1.文本内容激发读者求知欲望

探求生命本源的求知意愿是很多人都具有的，《时间简史》的成功正是说明了这一点。霍金教授曾经这样评价这本著作："我们从何而来？宇宙为何是这样的？"他又说："自从文明开始，人们即不甘心于将事件看作互不相关而且不可理解的,他们渴求理解世界的根本秩序。今天我们仍然渴望知道,我们为何在此？我们从何而来？""人类求知的最深切的意愿足以为'本书的畅销'提供了正当的理由。"他归纳出了人们具有的广泛的兴趣、渴求理解、渴望知道、最深切的求知意愿是本书畅销的原动力。

《时间简史》全书是从一个有趣的传说开始的。"一位著名的科学家（据说是贝特兰·罗素）曾经作过一次天文学讲演。他描述了地球如何围绕太阳公转，而太阳又是如何围绕称之为星系的巨大的恒星群的中心公转。演讲结束之际，一位坐在房间后排的小个老妇人站起来说道：'你讲的是一派胡言，实际上世界是驮在一只大乌龟的背上的一块平板。'这位科学家露出高傲的微笑,然后答道：'那么这只乌龟是站在什么上面的呢？''你很聪明，年轻人，的确很聪明，'老妇人说,'不过，这是一只驮着一只一直驮下去的乌龟塔啊！'"大多数人会觉得，把我们的宇宙比喻成一个无限的乌龟塔相当荒谬，但这的确是文明刚刚起源时人们对未知宇宙的想象。而文明和科学发展至现在，人们不再对传说信以为真，而是开始追求对宇宙的解释能有一个科学的、以事实为依据的预测。《时间简史》这本书恰好满足了人们的求知欲望和需求。

#### 2.语言风格贴近大众

事实上，科普图书就科学知识而言，在创新程度上可能不如专业科学杂志上的论文，但是，随着科学建制化的发展，科学活动已经脱离了日常生活，科学家成为一种职业,科学共同体内部的交流可以通过学术性强的科学杂志、专著、教科书等进行传播，这就导致了科学家与只受到基本科学知识教育的公众之间

的"知识鸿沟"。在科学大众化过程中，最现实的障碍就是科学的语言表述：科学知识不再是一般文化中想当然的组成部分，且科学文本表述与日常生活语言是不同的。因此，科普图书更难写作，需要讲究写作技巧、文笔流畅，这就是世界优秀的科学家很多，而像阿西莫夫、伽莫夫、萨根、道金斯之类优秀的科学作家并不多的主要原因之一。

《时间简史》一书的语言风格在科普书中是一个特例。1988 年，《时间简史》手稿创作完成，霍金向读者对遥远星系、黑洞、夸克、大统一理论、"带味"粒子和"自旋"粒子、反物质、时间箭头等都作了介绍，为了保证通俗易懂，全书精心安排了 35 幅插图，在著作中，通篇只放了一个数学公式，即著名的爱因斯坦质能方程：$E=mc^2$。该书作者的优美文笔，使得该书具备了一种审美的力量，让该书成为人文气氛和理性精神交相呼应的特别文本，而不仅仅是本专业书；读者层面从专业读者群体扩展到人文阅读、科普阅读者的广大群体。而在以后不断更新的版本中，如湖南科学技术出版社出版的《时间简史》插图本，增加了 240 多幅彩色插图，包括卫星图像和照片，详细的插图说明使读者能够体验到星际太空的广漠、黑洞的奇妙性质以及物质和反物质碰撞的粒子物理的微观世界，力图达到"人人都能读懂《时间简史》"。

### （三）作者传奇的励志人生助力畅销

本书的作者是当代最重要的广义相对论家和育种学家，他被誉为继爱因斯坦之后最杰出的理论物理学家。同时，他是英国剑桥大学著名的物理学家，也是 20 世纪享有国际盛誉的伟人之一。1959 年，霍金入读牛津大学攻读自然科学，随后转读剑桥大学研究宇宙学。1963 年，仅仅 21 岁的他不幸被诊断患有肌肉萎缩性侧索硬化症即运动神经细胞病。

20 世纪 70 年代，他和彭罗斯一道证明了著名的奇点定理。之后，他还证明了黑洞的面积定理，即随着时间增加黑洞的表面积不减。1973 年，他考察黑洞附近的量子效应，发现黑洞会像天体一样发出辐射，其辐射的温度和黑洞质量成反比，这样黑洞就会因为辐射而慢慢变小，而温度却越变越高，最后以爆炸而告终。"黑洞辐射"或"霍金辐射"（包括 de Sitter 空间中的霍金辐射）的发现具有极其基本的意义，它将广义相对论、量子场论和热力学统一在一起，即弯曲时空中的量子场论。1973 年以后，他的研究转向了量子引力论。虽然人们还没有得到一个成功的理论，但是它的一些特征已被发现。1980 年以后，霍金的兴趣转向了量子宇宙论，提出了能解决宇宙第一推动问题的无边界条件。2004 年 7 月，他承认了自己原来的"黑洞悖论"观点是错误的。《时间简史》的副题是"从大爆炸到黑洞"。霍金认为他一生的贡献是在经典物理的框架里，证明了黑洞和大爆炸奇点的不可避免性，黑洞越变越大，但在量子物理的框架里，他指出，黑洞因辐射而越变越小，大爆炸的奇点不断被量子效应所抹平，而且整个宇宙空间正是起始于此。理论物理学的细节在未来的 20 年中还会有变化，但就观念而言，已经相当完备了。

　　霍金的生平是非常富有传奇性的。在科学成就上，他是有史以来最杰出的科学家之一，而他的贡献是在他 20 年之久被卢伽雷病禁锢在轮椅上做出的，这真正是空前的。也正是如此，人们将霍金写的书视为权威著作，愿意去潜心阅读，或者带着几分好奇心去了解当今最智慧的人探索出了哪些宇宙新奥秘。他曾说："如果没有眼前的这台交流系统，本书就写不成。这套称作平衡器的软件是加利福尼亚兰卡斯特文字加强公司的瓦特·沃尔托兹捐赠的。我的语言合成器是加利福尼亚太阳谷的说话加强公司捐赠的。剑桥适用通信公司的大卫·梅森把合成器和控制板安装在我的轮椅上。我现在利用这个系统进行交流，比我失声之前还要好。"因为他的贡献对人类观念的影响深远，以及他的人格魅力和身残智坚的顽强意志品质，媒体对他早已广为报道，这造就了《时间简史》的读者超过了千万人。

### （四）《时间简史》引进中国——天作之合

　　《时间简史》降落在中国，可以说是"天作之合"。20 世纪 90 年代初，中国的引进版图书还未形成气氛，版权之争没有这样"白热化"。所以，最初的"第一推动丛书"的版权引进可以说是水到渠成。由于当时对科普图书的版权引进的忽视，所以《时间简史》这样的国外已经热销的科普著作，国内读者还闻所未闻。当时负责丛书的责任编辑通过朋友的介绍认识了吴忠超和许明贤，而这时候，他俩正好已经受霍金之托，把《时间简史》译成了中文。双方"一见钟情"，通过一系列工作，顺利地拿到了中译本书稿的出版权。

正是由于双方都有迫切的需求，都希望《时间简史》能够在中国生根发芽，中国读者才减少了等待的时间，幸运地在《时间简史》等系列图书中领略了探索宇宙的无穷魅力，感受史蒂芬•霍金、罗杰•彭罗斯等著名科学家为科学奋斗和探索的传奇人生。这些书的译者都是经过出版社慎重考虑的，除了普遍的外语水平一流之外，不少译者还是该专业的科学家，因此译文的质量是有保证的。所以这些书一开始就不存在"水土不服"的弊病。如《时间简史》的译者吴忠超曾受教于霍金达 4 年之久，是一位对天体物理很有研究的科学家，对国内读者的阅读需要，他也是比较了解的。所以，该书适合中国读者的胃口。

### （五）出版社精心运作：研讨会 + 媒体

每一本畅销书后面都有一个关于宣传策划的故事。当时，科普图书市场表现平平，更何谈科普畅销书呢？如何让潜在的读者需求变为现实的需求，湖南科学技术出版社想到了"巧借东风、借船渡河"的妙计。即巧造宣传时机，借势、造势宣传，把"第一推动丛书"的出书信息送到最需要、最了解科普的读者手中，挖掘出他们潜在的需求。

1992 年，"第一推动丛书"第一辑前 4 本出版后，由于它首次将人文科学的概念引入国内，以"弘扬科学精神、传播科学思想"为主题，"第一推动丛书"本身内在的高品质和鲜明的特色可以说在科普出版界首开先河，在读书界和科技界引起了反响，但与畅销还有很大距离。"酒香不怕巷子深"的时代已经过去，出版社主动出击，首次举办了"第一推动丛书"研讨会。

此次研讨会由湖南科学技术出版社与在读书界享有盛名的《读书》杂志联合举办。参会人员多为中国出版界、科技界、文化界许多著名的专家、学者，同时还邀请了著名出版家沈昌文主持会议。时任人大常委会副委员长的著名医学家吴阶平、著名社会学家费孝通、中宣部领导龚育之、新闻出版署领导宋木文、天文学家王绶琯、哲学家汪子嵩、科学家童大林等几十位领导和著名科学家都对丛书做了大力的推荐和宣传，从不同角度肯定了丛书的出版价值。这样的一次研讨会蕴含了巨大的新闻价值，吸引了无数传媒的眼球。中央人民广播电台、新华通讯社、中国新闻社、《人民日报》《科技日报》《光明日报》《文汇报》《新闻出版报》《中国青年报》等几十家新闻媒体进行了大量的、连续的报道，在全国铺开了强大的宣传阵势。"第一推动""时间简史""霍金"等名词一夜之间传遍知识界，许多人甚至以谈论这套书中的内容为时髦，《时间简史》更是在许多书店的科技书销售排行榜上一直位居前几名，在科普类图书市场表现普遍平平的大背景下，"第一推动丛书"的成功堪称奇迹。

1995 年年底，汪华、李永平受邀在中央广播电台《今晚八点半》制作了《让我们走近科学》的直播节目，节目一播出，很快就有书店要求进货。随后几年来，"第一推动丛书"销售量持续增长，形成了一个稳定的不断扩张的读者群，真正地进入稳定的畅销期。

### （六）读者群不断扩大：从科学殿堂走向大众厅堂

霍金是当代最杰出的科学家，其著作的深奥难懂世人皆知。他的作品在图书宣传上自然很容易强调其科学价值，但作为科普著作必须接近大众。《时间简史》的宣传经历了一个从科学殿堂到大众厅堂的转变。

自"第一推动丛书"进入稳定的畅销期后，《时间简史》读者不仅仅只限于自然科学界，而是在艺术界、文学界、思想界均引起了人们特别的兴趣。许多先锋派艺术家从中汲取灵感，试图借此打破当时艺术界的沉闷空气。该书也并非如开始时想象得那般只有大学和大学以上文化程度的读者才能看得懂，相反，有许多中学生也非常感兴趣。甚至还有一位 10 岁的小读者一直跟踪"第一推动丛书"的出版。这样的转变归功于媒体宣传风向的转变。

1993 年《读书》杂志介绍《时间简史》："一位身怀残疾的天才物理学家向读者耐心而生动地解释从大爆炸到黑洞等一系列物理学问题。"而 1994 年，译者吴忠超在《读书》杂志发表《无中生有，霍金与〈时间简史〉》的书评，它的开头是这样的："本世纪初，物理学经过了剧烈的挣扎以后以一种崭新的面目出现，其主要成果是量子力学和相对论，近一个世纪以来人类正充分体验着这种变革带来的幸福和灾难，半导体、计算机、激光、原子弹即是明显的例证。"2000 年伊始，刘兵教授又为《时间简史》策划了一句广为流传的广告："懂与不懂都是收获"，或多或少地走了一条"娱乐化"表达的路子，淡化了前期浓厚的说教味道，选择较为软性的表达方式。策划人深谙《时间简史》晦涩难懂，避开《时间简史》最致命的弱点，巧妙地强调主观，加强难懂书籍与受众的贴近性，以出乎常理的、带有"哲学"韵味的广告说服受众。

在 2002 年 3 月《时间简史：从大爆炸到黑洞》( 十年增订版 ) 第 3 页的前言中，霍金十分得意地引用纳珍·米尔伏德的评论："《时间简史》比麦当娜关于性的书还更好卖。"这是本书"广告"中首次突破了自然数理科学一贯的平淡化表达范式，生动幽默地把原本严肃的信息娱乐化。霍金将自己的书籍与麦当娜的书籍进行比较，极具煽动性和蛊惑性。同时，国外反馈回来的畅销信息进一步带动了国内《时间简史》的热销。当霍金第二次来华，在激烈的市场竞争下，随着传媒业开始由"以传者为中心"向"以受众为中心"的转变，为了满足受众日益多元化的需求，各家媒体以娱乐性、商品性、消费性为主要特征的各种煽情性的报道铺天盖地般涌现，霍金成为人们街头巷尾谈论的焦点，"霍氏已从科学'英雄'摇身一变成为大众'明星'"。《时间简史》的销售随之也愈加走俏。

### （七）事件营销再创销售高潮

#### 1. 利用国际数学家大会

2002 年，国际数学家大会在北京召开，霍金赴会来华，这为出版社宣传《时间简史》提供了一个难得的契机。湖南科学技术出版社制定了各项方案，掀起了宣传营销的高潮：( 1 ) 在产品策略上，抢在国际数学家大会之前，于 8 月初推出了《时间简史》( 插图本 )；( 2 ) 在营销策略上，在霍金来华前后，在各地书店开展购买霍金著作优惠活动，进一步提高《时间简史》( 插图本 ) 在暑假期间的销售量；( 3 ) 在宣传手段上，派专人去霍金演讲的杭州组织宣传活动，并在演讲现场向霍金赠送其中文版图书。

强大的宣传攻势掀起了一股"霍金旋风"。此段时间的《时间简史》( 插图本 )、《果壳中的宇宙》等图书销量直线上升，仅浙江省两本书一个月内就销售 4 000 多册，而全国《时间简史》( 插图本 ) 销售将近 1.5 万册，一些进货不多的书店出现脱销的现象。数学家大会前后，北京图书大厦的科普类图书出现了销售热潮，销售额明显上涨，其中《时间简史》( 插图本 ) 与《果壳中的宇宙》最多时每天都能卖到 50 本以上，而且购书者往往是两本书一起购买。

#### 2. 利用国际玄理论大会

时隔两年，国际玄理论大会召开，霍金第三次来华。《时间简史》普及版适时推出，湖南科学技术出版社在国际玄理论大会上举行赠书和赠送礼品的活动，并在各大卖场把霍金的书摆上柜台，《时间简史》再一次出现销售高潮。

出版社借助事件营销，借力使力，使《时间简史》成为图书出版的经典案例。

### （八）打造品牌，保持畅销状态

《时间简史》的巨大成功带动和提高了出版社的名气。湖南科学技术出版社对合作方的以诚相待、对工作的认真负责、对科普图书市场营销的准确把握，赢得了大批国内外著名的出版社和版权代理公司的信任，并与之建立了良好的合作伙伴关系，如《时间简史》的原出版社美国矮脚鸡出版公司等。出版社一鼓作气，又相继引进了包括《时间简史续篇》《皇帝新脑——有关电脑、人脑及物理定律》《时空本性》《黑洞与时间弯曲——爱因斯坦的幽灵》《宇宙的琴弦》《果壳中的宇宙》等20多种符合"第一推动丛书"选题标准的科普图书。这样，"第一推动丛书"就成了系列，有了规模，成为了品牌。

《时间简史》（十年增订本）、《时间简史》（插图本）、《果壳中的宇宙》，这些由一个作者完成的、贯穿一个主题的、风格一致的系列图书，本身就具有增值的效应。对一个主题的系列化是培植品牌的重要手段，品牌的知名度相应地会提高系列图书的销量，只要品牌得以维持，那么图书相应地也会成为长销书，这也是现代出版的基本规律。

## 四、精彩阅读

现在我们知道，我们的星系只是用现代望远镜可以看到的几千亿个星系中的一个，每个星系本身都包含有几千亿颗恒星。从生活在其他星系中的人来看我们的星系，想必也是类似这个样子。我们生活在一个宽约为10万光年并慢慢旋转着的星系中，在它的螺旋臂上的恒星绕着它的中心公转一圈大约花几亿年。我们的太阳只不过是一个平常的、平均大小的、黄色的恒星，它靠近在一个螺旋臂的内边缘。我们离开亚里士多德和托勒密的观念肯定是相当遥远了，那时我们认为地球是宇宙的中心！

——选自第三章《膨胀的宇宙》第 48~49 页

　　虽然光是由波组成的，普朗克的量子假设告诉我们，在某些方面，它的行为似乎显现出它是由粒子组成的——它只能以量子的形式被发射或吸收。同样地，海森堡的不确定性原理意味着，粒子在某些方面的行为像波一样：它们没有确定的位置，而是被"抹平"成一定的概率分布。量子力学的理论是基于一个全新的数学基础之上，不再按照粒子和波动来描述实际的世界；而只不过利用这些术语，来描述对世界的观测而已。所以，在量子力学中存在着波动和粒子的二重性：为了某些目的将波动想象成为粒子是有助的，反之亦然。这导致一个很重要的后果，人们可以观察到两组波或粒子的所谓的干涉，也就是一束波的波峰可以和另一束波的波谷相重合。这两束波互相抵消，而不是像人们预料的那样，迭加在一起形成更强的波。一个熟知的光干涉的例子是，肥皂泡上经常能看到颜色。这是因为从形成泡沫的很薄的水膜的两边反射回来的光互相干涉而引起的。白光含有所有不同波长或颜色的光波，从水膜一边反射回来的具有一定波长的波的波峰和从另一边反射的波谷相重合时，对应于此波长的颜色就不在反射光中出现，所以反射光就显得五彩缤纷。

——选自第四章《不确定性原理》第 73 页

　　在 1970 年以前，我关于广义相对论的研究，主要集中于是否存在一个大爆炸点。然而，同年 11 月我的女儿露西出生后不久的一个晚上，当我上床时，我开始思考黑洞的问题。我的残废使得这个过程相当慢，这样我有大量时间。那时候还不存在关于时空的那些点是在黑洞之内还是在黑洞之外的准确定义。我已经和罗杰·彭罗斯讨论过将黑洞定义为不能逃逸到远处的事件集合的想法，这也就是现在被广泛接受的定义。它意味着，黑洞边界——即事件视界——是由刚好不能从黑洞逃逸，而只在边缘上盘旋的光线在时空里的路径所形成的。这有点像从警察那儿逃开，但是仅仅只能比警察快一步，而不能彻底地逃脱的情景！

　　我忽然意识到，这些光线的路径永远不可能互相靠近。如果它们靠近了，它们最终就必须互相撞上。这正如和另一个从对面逃离警察的人相遇——你们俩都会被抓住（或者，在这种情形下落到黑洞中去）。但是，如果这些光线被黑洞所吞没，那它们就不可能在黑洞的边界上待过。所以在事件视界上的光线的路径必须永远是互相平行运动或互相散开。另一种看到这一点的方法是，事件视界，亦即黑洞边界，正像一个影子的边缘——一个即将临头的灾难的影子。如果你看到在远距离上的一个源，譬如太阳，投下的影子，就能明白边缘上的光线不会互相靠近。

——选自第七章《黑洞不是这么黑的》第128～129页

　　如果宇宙确实是空间无限的，或者如果存在无限多宇宙，则就会存在某些从光滑和一致的形态开始演化的大的区域。这有一点像著名的一大群猴子锤击打字机的故事——它们所写的大部分都是废话。但是纯粹由于偶然，它们可能碰巧打出莎士比亚的一首十四行。类似地，在宇宙的情形，是否我们可能刚好生活在一个光滑和一致的区域里呢？初看起来，这是非常不可能的，因为这样光滑的区域比紊乱的无序的区域少得多得多。然而，假定只有在光滑的区域里星系、恒星才能形成，才能有合适的条件，让像我们这样复杂的、有能力质疑为什么宇宙是如此光滑的问题、能自然复制的组织得以存在。这就是被称为"人存原理"的一个应用的例子。"人存原理"可以解释为："我们看到的宇宙之所以这个样子，乃是因为我们的存在。"

　　"人存原理"有弱的和强的意义下的两种版本。弱人存原理是讲，在一个大的或具有无限空间和／或时间的宇宙里，只有在空间—时间有限的一定区域里，才存在智慧生命发展的必要条件。因此，在这些区域中，如果智慧生物观察到他们在宇宙的位置满足他们存在必要的条件，他们不应感到惊讶。这有点像生活在富裕街坊的富人看不到任何贫穷。

——选自第八章《宇宙的起源和命运》第159页

　　看来有两种方法解决由时间旅行导致的佯谬。我把一种称为协调历史方法。它是讲，甚至当时空被卷曲得可能旅行到过去时，在时空中所发生的必须是物理定律的协调的解。根据这一观点，除非历史表明，你曾经到达过去，并且当时并没有杀死你的祖先或者没有任何行为和你的现状相冲突，你才能回到过去。

况且，当你回到过去，你不能改变历史记载。那表明你并没有自由意志为所欲为。当然，人们可以说，自由意志反正是虚幻的。如果确实存在一套制约万物的完整的统一理论，它也应该决定你的行动。但是对于像人类这么复杂的机体，其制约和决定方式是不可能计算出来的。我们之所以说人们具有意志，乃在于我们不能预言他们未来的行动。然而，如果一个人乘火箭飞船出发并在这之前已经回返，我们就将能预言其未来行为，因为那将是历史记载的一部分。这样，在这种情形下，时间旅行者没有自由意志。

——选自第十章《虫洞和时间旅行》第 199 页

## 五、相关研究推荐

[1] 史蒂芬·霍金. 时间简史（插图版）[M]. 许明贤，吴忠超译. 长沙：湖南科学技术出版社，2017.

[2] 王立花. 从科学传播视角审视《时间简史》之畅销 [D]. 河北大学，2008.

[3] 姚晟.《时间简史》常销畅销分析 [J]. 新闻研究导刊，2016（8）:287~288.

[4] 唐小燕.《时间简史》如何由滞销变为畅销 [J]. 出版发行研究，2004（8）:58~59.

[5] 刘宏伟. 时间简史到中国 10 年了 [N]. 光明日报，2001-07-27.

[6] 崔雪芹. 霍金《时间简史》背后的故事 [EB/OL]. 光明日报，2010-04-14，http://www.360doc.com/content/10/0414/15/819510_23019514.shtml.